MON P'TIT CAHIER

CONFIANCE EN SOI

W0224090

FLORENCE BINAY
AVEC LA COLLABORATION
DE NELLY DEFLISQUE

ILLUSTRATIONS
AXURIDE (INTÉRIEUR)
ISABELLE MAROGER (COUVERTURE)

SOLAR
EDITIONS

SOMMAIRE

Introduction

Comme tous les parents, vous avez sûrement constaté que la vie de famille ne ressemble pas à un long fleuve tranquille et que les moments de doute et de remise en question font souvent leur apparition ! De leur côté, les bambins, qui suivent le rythme effréné du quotidien, voient eux aussi leur précieuse confiance fluctuer…

Votre rôle de super-parent ? Les aider à bien se connaître pour qu'ils découvrent leur fonctionnement interne et s'épanouissent pleinement dans la vie.

Les enfants expérimentent chaque jour de véritables aventures… Pour être au top de leur forme, ils ont besoin d'un carburant essentiel : la confiance en eux. Aussi, pour leur permettre de traverser les petits (et grands) challenges de la vie avec une belle estime d'eux-mêmes, vous allez devoir être le pilote de leur bien-être et les guider pour avancer sereinement… Dans ce domaine, faites confiance à la biologie : il est aujourd'hui prouvé que le cerveau d'un enfant est d'une plasticité incroyable et qu'il absorbe toutes les expériences avec une grande capacité ! Ce cahier va donc vous donner les clés créatives pour développer les points forts et les ressources au quotidien de votre petit, car c'est précisément là que réside la fameuse confiance en soi.

À travers les différentes boîtes à outils proposées au long de votre lecture, vous allez pouvoir identifier les besoins de votre enfant pour lui permettre d'explorer tous ses potentiels. Bonne nouvelle : vous aussi, vous allez aimer revisiter les bases solides de la confiance en soi, celles qui instaurent des relations plus douces et harmonieuses au sein de la famille…

Alors, prêt pour l'aventure ?

Plongez-vous dans cette lecture pleine de conseils et d'astuces pour partager et apprendre les clés du bien-être intérieur et de la confiance en soi. Belles explorations à vous sur le chemin de la parentalité complice et bienveillante !

Faire confiance à l'enfant, c'est lui montrer le chemin pour qu'il ait confiance en lui.

Test : un peu, beaucoup, pas du tout... Mon enfant a-t-il confiance en lui ?

1. Quand vous rêvez tout haut en décrivant tous vos superpouvoirs (si, si) de parent, quelle est l'attitude de votre bambin ?

- « Pfff… n'importe quoi, ça n'existe même pas ! »
- Il m'écoute avec un sourire béat.
- Amusé, il entreprend avec moi la suite de l'histoire.

2. Votre enfant sait-il dire non ?

- Très rarement… En tout cas, il ne dit jamais non quand je le sollicite.
- Il réfléchit longuement avant de le dire.
- Oh oui… Il dit (très) souvent non.

3. Votre enfant s'exprime-t-il sur ses sentiments ?

- Jamais.
- Oui, mais avec le temps et en tête à tête avec moi.
- Oui, spontanément et à tout le monde !

4. Vous raconte-t-il sa journée une fois rentré à la maison ?

- Si je ne le questionne pas, je n'ai aucune idée de ce qui se passe…
- Ça dépend visiblement de son humeur : un jour oui, un jour non !
- Une vraie pipelette, il me raconte tout !

5. Quand vous êtes en famille ou avec des amis...

- Il écoute tout en se faisant discret, une vraie petite souris.
- Il participe uniquement quand on le questionne.
- Un véritable moulin à paroles : il n'arrête pas de parler !

6. Avec des personnes inconnues ou dans des lieux inconnus, il est…

- Collé à moi, il ne me lâche pas d'une semelle…
- Jamais très loin, au maximum cinq mètres.
- Explorateur et curieux, il a tendance à s'éloigner. Je dois rester vigilant !

7. Vous partagez avec votre enfant une excellente nouvelle qui vous concerne. Quelle est sa réaction ?

- « Moi, je serais même pas cap ! »
- « Ouh ! là, là ! comment tu as fait ? »
- « Trop bien ! C'est super ! Moi, je ferai ça, ça, et même ça aussi… »

8. Votre enfant vous demande de faire avec lui…

- Tout le temps, je fais même à sa place !
- Ça dépend de la situation : quand il est sûr de réussir, il ne me demande pas.
- Très rarement, il veut souvent tout faire tout seul.

9. Vous proposez à votre enfant une nouvelle aventure…

- « Oh non, surtout pas ! »
- « C'est quoi, exactement ? Dis-m'en plus… »
- « Ah oui, super ! »

10. Votre enfant vous semble timide ou réservé…

- Très souvent, et même avec ses copains.
- Cela dépend des situations : quand il est avec ses proches, tout va bien !
- S'il l'est, ça ne se voit pas ! Il est à l'aise avec tout le monde.

Faites les comptes !

Vous obtenez un maximum de 🍃 **:** *la confiance de votre enfant est… fragile*

Quand la confiance de votre enfant est quasi absente, il a du mal à s'autonomiser et le regard des autres prend toute la place, au détriment de l'action ! Timide et réservé, votre bambin n'ose pas se lancer, et il reste sur le banc de touche quand ses petits camarades n'hésitent pas à courir vers l'aventure. Le voir (si) peu confiant vous tracasse…

Pas de panique, grandir en confiance, ça s'apprend ! À l'aide de ce cahier et des rituels proposés (voir p. 45), vous allez pouvoir aider votre petit aventurier en herbe à ressentir ce qu'est la confiance en soi et à trouver quels sont les aspects de sa vie où il a confiance en lui ! À la clé ? Son énergie sera boostée, mais aussi sa capacité à être autonome sans avoir peur ou sans se comparer aux autres. Ses relations avec les autres seront beaucoup plus épanouissantes !

Parents, vos nouveaux maîtres-mots ? L'écoute et la valorisation !

Vous obtenez un maximum de ☆ **:** *le capital confiance de votre enfant… se construit*

La confiance en soi de votre enfant se construit doucement, à petits pas, et certains obstacles de la vie peuvent lui paraître des montagnes ! Mais quoi de plus normal quand on est un enfant ?

Votre bambin construit tranquillement sa confiance, avec des hauts et des bas… Dans ce cahier, vous trouverez des conseils pour booster sa confiance en lui (voir p. 62), pour favoriser une ambiance sereine et valorisante à la maison. Votre petit pourra ainsi cheminer tranquillement dans ses découvertes, avec des exercices simples et adaptés pour consolider sa confiance en lui.

Parents, le chemin à suivre ? L'aider au quotidien à développer ses forces !

Vous obtenez un maximum de ☼ : *la confiance en soi de votre enfant est… bien installée !*

Bonne nouvelle : votre enfant est arrivé sur terre à l'aise dans ses baskets… Et quand la confiance est là, l'énergie est suffisante pour escalader toutes les montagnes du monde !

Attention tout de même : avec son aplomb et sa (très) grande confiance en lui, votre enfant peut parfois partir dans tous les sens… Surtout, ne le réprimandez pas quand vous trouvez qu'il est parfois trop « à l'aise », mais donnez-lui au contraire votre avis et partagez de façon bienveillante votre façon de voir les choses. Vous trouverez au cours de votre lecture des programmes ciblés (voir p. 74) pour lui permettre de préserver et d'amplifier ce fabuleux trésor qui donne les clés pour accomplir ses rêves.

Parents, un seul mot d'ordre : l'accompagner et lui donner les bonnes clés de la confiance en soi !

Chapitre 1

La confiance en soi, c'est quoi ?

Petite définition

« Sentiment de sécurité d'une personne qui se fie à elle-même ou à quelque chose » : telle est la définition du mot confiance dans le dictionnaire ! Mais ce n'est pas tout, la confiance entraîne de nombreuses qualités chez les personnes qui en sont dotées : hardiesse, aplomb, culot, tolérance, conviction, ouverture d'esprit, espérance, assurance, et bien d'autres encore…
D'ailleurs, vous en avez déjà certainement fait l'expérience : avoir confiance en soi permet de vivre en harmonie les uns avec les autres et vous donne de l'énergie pour affronter les petits (et grands) défis de la vie. Pour les enfants, la confiance représente un trésor précieux qui leur permet d'engager de nouvelles expériences, source de richesse intérieure.

Vers une éducation bienveillante

Il semble loin le temps où les enfants devaient obéir aveuglément aux adultes et où l'éducation à la dure était prônée comme modèle. Aujourd'hui, les jeunes parents ont à cœur de mettre en place un environnement serein et positif pour leur petit… Leurs mots d'ordre ? Bien-être, écoute et respect !
Pas à pas, ils se tournent vers une éducation bienveillante qui nourrit au quotidien la confiance en soi de leur bambin et le bonheur de vivre ensemble. Se lancer dans de nouvelles expériences sans avoir peur (ou presque), oser aller vers les autres et se sentir fier de ses actions : voilà les vertus d'une solide confiance en soi !

Être confiant, c'est...

✓ Croire en soi, en ses capacités et ses qualités.
✓ Savoir que l'on est unique, que chacun est unique.
✓ Être sûr que la vie est belle et que, si quelque chose ne marche pas, il y a une autre solution.
✓ Identifier ce qui est important pour soi, ses besoins.
✓ Oser dire non et nommer ses besoins.
✓ Être convaincu qu'il n'y a pas d'échec, mais uniquement des expériences.
✓ Envisager le positif d'abord.
✓ S'intéresser aux autres.
✓ Être à l'écoute de soi et des autres pour mieux réagir.
✓ Affronter les petites difficultés sans baisser les bras.

Ce qui délite la confiance en soi...

- Surprotéger son enfant (parents, grands-parents, fratrie, oncles et tantes...).
- Dire des mots qui blessent ou des sarcasmes.
- Critiquer constamment les points de vue, les idées.
- Laisser faire ou punir.
- Avoir des attentes trop élevées ou pas assez élevées.
- Laisser son enfant abandonner ou se décourager devant les difficultés.
- Être inconstant sur les règles de vie.
- Réprimander son enfant physiquement.
- Laisser son enfant en difficulté dans ses relations ou à l'école.
- Faire peur ou menacer, utiliser le chantage.

C'est moi qui l'ai fait !
Fixez à votre enfant des objectifs réalisables (et surtout des objectifs qu'il peut dépasser) pour nourrir son plaisir à faire et à vivre les choses. Lui confier des tâches à sa mesure permet souvent de désamorcer certaines situations tout en le rendant heureux et fier. Faire soi-même donne de la confiance et le sentiment que c'est possible, que l'on a accompli quelque chose d'important.

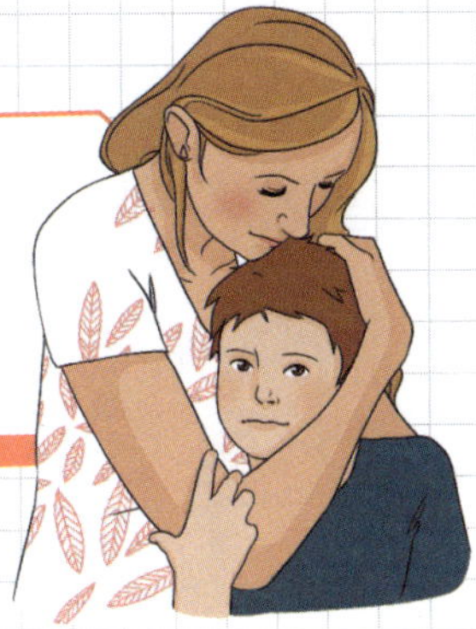

4 forces pour gonfler sa confiance

Quel parent ne souhaite pas voir son enfant devenir le champion toutes catégories de la confiance en soi ? Pour autant, sachez qu'il est impossible d'avoir confiance en soi dans tous les domaines… en même temps ! La confiance se développe petit à petit, comme une force qui se muscle, et elle repose sur plusieurs zones chez tout être humain… Par exemple, un enfant peut être très timide avec des personnes inconnues et complètement ouvert en famille, ou bien être très à l'aise avec ses copains et perdre tous ses moyens en classe. Focus sur la construction d'une confiance en soi solide.

1. La force fondamentale

Elle se construit dès la naissance dans la relation que vous nourrissez avec votre tout-petit : contact physique, câlins, regards soutenants et attentifs, respect des besoins et une bonne dose d'amour inconditionnel ! La confiance fondamentale se nourrit donc d'amour, mais aussi d'explorations sensorielles et de mouvements qui favorisent le développement du cerveau, du corps et de la conscience de soi.

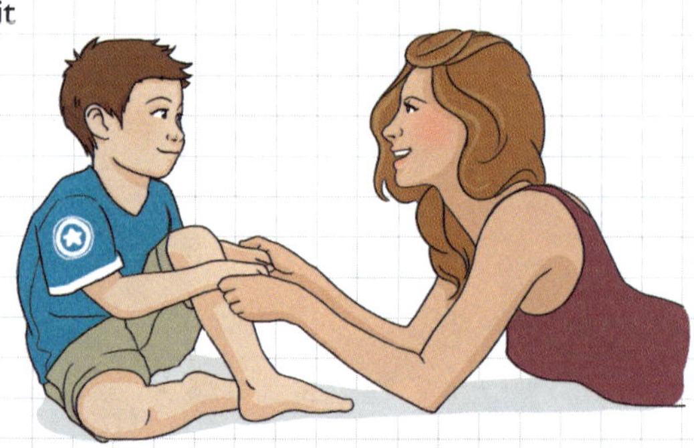

En pratique : favorisez les câlins, la tendresse, les chatouilles, les explorations dans la nature, les moments complices et sereins, les mots doux. Laissez votre petit explorer librement ses capacités motrices en lui permettant de réussir seul, ou presque.

2. La force en sa personne

Elle commence sa construction lors de la première phase de développement de l'identité de l'enfant, vers 18-24 mois. C'est la fameuse période du non (la seconde phase de construction de l'identité ayant lieu à l'adolescence). Dans cette période un poil perturbée, l'enfant commence à se définir et se sent exister par ses choix. La confiance en sa personne l'autorise à être différent, à avoir des goûts différents et à avoir le droit de dire non et de choisir.

En pratique : sachez distinguer les demandes de votre enfant qui requièrent un lâcher-prise de votre part (quand il veut choisir tout seul ses vêtements, certains de ses aliments, ses activités sportives…) et celles qui ne laissent pas de place à la négociation. Quoi qu'il en soit, acceptez qu'il ne soit pas toujours d'accord avec vous, même s'il est encore petit.

3. La force en ses capacités

Cette force entame sa construction après la phase du non, quand votre enfant a entre 2 et 3 ans. « Je veux faire tout seul ! » est une phrase qui prend toute sa place dans votre quotidien, et la soif d'autonomie de votre bambin est grande ! Cela s'explique notamment par son besoin de sentir qu'il est capable d'agir par lui-même pour déployer ses compétences.

En pratique : aidez-le à faire seul sans avoir peur et laissez-le se tromper sous votre regard bienveillant, car apprendre de ses erreurs construit la confiance. N'hésitez pas à valoriser ses efforts !

4. La force relationnelle

Elle se développe avec les amis de votre petit, à l'école, dans le quartier, quand il fait de nouvelles rencontres. La confiance relationnelle est celle qui permet d'être à l'aise avec les autres, d'aller vers eux, d'être content d'être ensemble.

En pratique : n'hésitez pas à rire et à jouer ensemble, à vous réjouir des petits bonheurs et à évoquer vos meilleurs fous rires. Intéressez-vous vraiment aux jeux et aux passions de votre enfant (même si vous n'êtes pas fan…). La complicité contribue à enrichir le lien et la relation à l'enfant. Ce sont là les bases des futures relations que votre petit développera avec ses camarades.

Créez un objet de confiance en deux temps trois mouvements

Plusieurs traditions utilisent le gri-gri (petit objet auquel on attribue une vertu magique) pour se protéger et s'entourer de forces positives… Cela apporte un fort sentiment de bien-être et de sécurité ! Pourquoi ne pas s'en inspirer et créer avec son enfant un gri-gri spécial confiance, qu'il pourra emporter partout ?

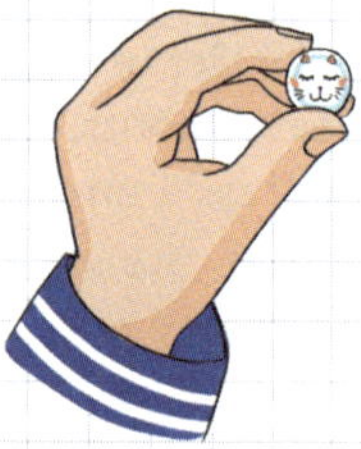

Votre tuto pour vous lancer…

- **Étape 1 :** laissez votre enfant choisir un petit objet tenant dans la main (il doit être discret et transportable partout : un petit bout de tissu, une mini-peluche, un joli petit caillou…).
- **Étape 2 :** évoquez avec votre enfant une situation où il se sent bien, où il s'est senti serein ou fier de lui, où il a réussi quelque chose.
- **Étape 3 :** proposez-lui de s'installer confortablement, de respirer lentement et de détendre son corps (juste quelques minutes !) en tenant son objet dans la main, puis dites-lui : « Prends le temps de te revoir dans cette situation dont tu viens de me parler et dans laquelle tu étais content et fier de toi… Respire profondément, comme si tu respirais toutes les forces et les qualités que tu avais dans ce moment pour de nouveau les avoir en toi. Serre un peu ton objet dans ta main. Comme cela, quand tu en auras besoin en dehors de la maison, tu pourras toucher ton objet dans ta poche, respirer profondément plusieurs fois et retrouver toutes tes qualités et capacités. Quand tu le souhaites, étire-toi, rempli d'une nouvelle énergie ! »
- **Étape 4 :** expliquez-lui le super-pouvoir du gri-gri confiance : « En le touchant et en respirant plusieurs fois profondément dans les situations qui ne te plaisent pas, tu pourras retrouver toute l'énergie et la confiance dont tu as besoin. »

Astuce
Lisez lentement le texte et faites des pauses suffisamment longues après chaque phrase afin que votre enfant ait le temps de bien se détendre. Pour vous aider, voici un repère : prenez le temps de respirer profondément trois ou quatre fois après chaque phrase. Détente garantie pour vous aussi !

12 bonnes raisons pour lui donner confiance en lui

Les effets d'une bonne confiance en soi sur le physique et le mental de votre enfant sont nombreux ! Voici les 12 principales vertus pour le corps… et l'esprit !

1. **Ça booste son immunité :** quand il est à l'aise et heureux dans son quotidien, son immunité va dans le bon sens.
2. **Ça le réconforte :** quand il est confiant, il sait qu'il a du pouvoir sur sa vie et il trouve la force de changer les choses.
3. **Ça le déstresse :** quand il est à l'aise dans ses baskets, il est moins tendu physiquement et il a moins d'idées négatives.

4 Ça lui permet de rire : quand il est à l'aise avec ses amis, dans son quotidien, il est plus enclin à trouver que la vie est ludique et il rit plus souvent.

5 Ça déploie sa créativité : quand il a confiance en lui ou en certaines de ses capacités, son cerveau trouve plus facilement des idées et il ne se bride pas.

6 Ça lui permet d'être dans l'instant présent : quand il est serein, sa tête est plus légère et ses pensées l'entraînent moins loin dans ses préoccupations.

7 Ça favorise le respect… de soi et des autres : s'il sait accepter ses propres tâtonnements et doutes, il se respectera et respectera les autres d'autant mieux.

8 Ça lui permet de mieux vivre l'erreur : quand il regarde les expériences sous un autre angle, il peut relativiser et apprendre quelque chose de nouveau pour gagner en confiance. Il n'y a pas d'échec, juste des expériences à accompagner et à éclairer !

9 Ça développe sa gratitude : quand il est confiant, il est plus attentif et reconnaissant de tout ce qu'il y a autour de lui.

10 Ça lui permet d'envisager le positif d'abord : en ayant du temps pour aborder les lieux, les situations, les relations à son rythme, il apprend à voir le positif de l'expérience en premier.

11 Ça développe sa concentration et son attention : quand la confiance lui manque, les préoccupations encombrent plus facilement son esprit et il a alors tendance à ruminer… et quand il rumine, il est peu attentif, peu concentré.

12 Ça lui permet de découvrir de nouvelles capacités : quand il est moins centré sur une difficulté, il voit mieux les belles choses en lui et autour de lui. Il développe ses racines et déploie ses ailes.

Chapitre 2

Les 4 piliers de la confiance de votre enfant

La confiance de votre enfant passe… par vous !

Vous le saviez déjà, mais votre enfant possède en lui un potentiel extraordinaire… Et c'est au cœur de sa famille, c'est-à-dire chez vous, qu'il peut déployer toute sa créativité ! Les piliers de confiance (hygiène de vie, écoute et bienveillance) que vous ancrez en lui au quotidien lui permettent de se sentir rassuré et bien dans ses baskets ! C'est précisément là que se situe votre rôle de parent : semer les précieuses graines de confiance pour l'avenir de votre bout d'chou !

La plasticité du cerveau, quèsaco ?
Le cerveau de votre enfant absorbe les moindres détails de ce qu'il perçoit au quotidien… À chaque expérience vécue, un nombre impressionnant de connexions neuronales se forment, et son cerveau ne garde que celles utilisées le plus fréquemment. Ce sont par conséquent les expériences quotidiennes qui s'impriment et vont structurer le cerveau de votre enfant.

Pilier 1 : un bon sommeil et une alimentation de qualité

Bien manger et bien dormir… Mais quel est le lien avec la confiance en soi, vous demandez-vous ? Il est fondamental : la confiance, c'est aussi une question d'équilibre biologique ; d'ailleurs, ne dit-on pas « un esprit sain, dans un corps sain » ? Pour respecter au maximum les besoins de son organisme, voici un petit panorama des basiques…

Bien dormir = doper son capital confiance !

Comme tous les parents, vous avez déjà entendu le fameux « j'veux pas dormiiir ! » de votre petit filou au moment de se mettre au lit ! Pourtant, les bienfaits d'une bonne nuit de sommeil ne sont plus à prouver : un bambin qui dort bien, c'est un enfant rechargé en énergie, attentif et confiant pour vivre toutes les aventures de sa journée. Côté santé, sachez que c'est pendant la nuit que son corps récupère, qu'il traite les informations de la journée et qu'il se régénère pleinement, tant sur le plan physique que sur celui des émotions… Conséquence : bien dormir aide votre enfant à (bien) grandir !

En pratique : pour bien dormir, il est important que votre bambin ait pu décharger son énergie pendant sa journée ! Assurez-vous qu'il se soit bien dépensé (jeux au parc, activités sportives…), bref qu'il ait eu son quota de dynamisme ! Exit l'utilisation des écrans qui fatiguent les yeux et excitent les neurones, empêchant un sommeil réparateur (voir p. 57).

Le saviez-vous ?
La récupération de vos fonctions physiques et cognitives passe par un sommeil qualitatif et quantitatif. Si ce besoin n'est pas satisfait, le cerveau se met rapidement sous stress. Pour vos enfants, c'est aussi le moment où les hormones de croissance, indispensables à leur bon développement, sont sécrétées. Alors… tout le monde au lit !

Combien de temps doit-il dormir ?

Chaque individu est unique, et son sommeil l'est tout autant. Il existe des familles de marmottes, des familles de petits dormeurs, des familles de lève-tôt et des familles de couche-tard. Pour autant, un enfant doit pouvoir recharger ses batteries correctement la nuit pour être en pleine forme le lendemain ! Il faut donc respecter certaines moyennes de sommeil en fonction de son âge…

En pratique : les bambins âgés de 3 à 6 ans doivent dormir 12 heures en moyenne (sieste comprise), et ceux âgés de 6 à 10 ans devront dormir en moyenne 10 heures. Le week-end, un peu de souplesse est bienvenue… Si votre enfant veut veiller un peu plus tard qu'en semaine (attention, 1 heure de plus au max pour ne pas perturber son rythme), n'hésitez pas à lui offrir ce petit rab de temps !

Coup de pouce pour bien s'endormir

C'est souvent au moment de se glisser sous la couette que votre petit s'inquiète : « Mais que se passe-t-il la nuit pendant que je dors ? », « Que va-t-il m'arriver et que font mes parents, mes frères et mes sœurs ? », « Suis-je seul ? »... Ces angoisses persistent bien souvent jusqu'à l'âge de 9 ans environ. Attention, il ne faut pas sous-estimer ces interrogations, car elles sont légitimes et, surtout, source de stress. Votre mission ? Rassurer et sécuriser votre bambin pour qu'il reste confiant au moment de dormir.

Pas d'idéal !
Ne vous inquiétez pas si votre enfant n'est pas dans les normes. C'est aussi une question d'individu et de personnalité. Gardez en tête deux critères.
- Un sommeil suffisant, c'est être en forme la journée.
- Entre 9 et 10 heures pour les écoliers et les collégiens, cela semble un bon quota.

En pratique : dites-lui...

→ Sais-tu que ton corps récupère et s'équilibre la nuit ? Il y a tout un système perfectionné qui travaille et qui fait que, demain, tu seras en pleine forme pour bien travailler à l'école et t'amuser avec tes copains !

→ Pendant que tu dors, tu mémorises un tas de choses et tu enregistres mieux tes leçons. C'est pour cette raison qu'il est utile parfois de relire ses leçons ou de lire un livre avant de dormir. On retient mieux !

→ La nuit, tout le monde dort ! Les plantes, la terre, et même le soleil... C'est pour ça que la lune est là : elle veille sur la nuit, et le soleil se repose. Les animaux aussi, sauf certains d'entre eux, qui en profitent pour chasser, comme le chat ou le hibou. Connais-tu d'autres animaux qui vivent la nuit ?

→ Quand tu es endormi et quand je suis sûr que tout va bien pour toi, que j'ai terminé ma toilette, quand j'ai rempli des papiers ou lu mon livre, je vais aussi me coucher, car j'ai le même besoin que toi de dormir. Pendant que tu dors, je suis dans mon lit aussi. Tu ne le vois pas, car je me couche après toi et je me lève avant toi, mais je reste toujours à côté de toi et je veille sur toi, rassure-toi !

La peur de l'obscurité...
Entre 20 mois et 6 ans, les enfants ont peur du noir ; il arrive que cela dure jusqu'à 7 ans, voire 10 ans. Un temps de maturation émotionnelle est nécessaire pour qu'ils puissent dormir sans lumière, sans que cela soit pour eux source d'inquiétude, sans qu'ils aient besoin de vous appeler. Chacun son rythme pour dépasser ses peurs ! N'hésitez pas à lui installer une veilleuse dans sa chambre.

Manger sain pour avoir la patate !

« Que ta nourriture soit ta première médecine », disait déjà Hippocrate, médecin et philosophe grec né en 460 avant Jésus-Christ. Manger de façon équilibrée pour booster son énergie et se garantir une santé de fer n'est donc pas une nouveauté ! Les intestins, siège du système immunitaire, ont besoin d'une alimentation de qualité pour bien fonctionner. Trop de sucre ou de produits industriels amène des perturbations et des agitations intérieures… Heureusement, il est possible aujourd'hui de nourrir son enfant de façon plus saine avec des aliments sans pesticides, donc moins nocifs, et avec plus de saveur ! À la clé ? Un enfant tonique, prêt à affronter petits et grands défis de sa vie !

En pratique : si vous n'avez pas le temps de cuisiner en semaine, prévoyez de congeler vos repas en amont, à savoir le week-end. Misez au maximum sur les produits frais et de saison que vous pouvez acheter au marché, accompagné de votre enfant, heureux de découvrir tous les étals riches de saveurs… et de senteurs !

Pour bien commencer la journée…

Riche et équilibré, le petit déj' de votre enfant doit lui apporter tout ce dont il a besoin. Voici le petit déjeuner idéal pour bien commencer la journée et éviter le coup de fatigue de la fin de matinée :

- Des tartines de pain bio, avec de beurre, confiture ou pour changer des purées d'amandes, de noisettes, ou du fromage !
- Des laits ou yaourts végétaux… Les saveurs sont nombreuses et variées !
- Des fruits de saison à volonté, en petits morceaux, en salade, mixés ou en jus. Vous pouvez même rajouter une pointe de miel !

Pensez aux fruits secs, aux noisettes, aux amandes et aux noix, car ils sont consistants et utiles en cas de petits creux.

Comment stimuler son appétit ?

Couleurs des aliments, formes et coupes de légumes, décorations… La manière dont vous présentez l'assiette de votre petit aura une influence sur sa créativité et sa manière d'apprécier ses aliments ! Manger, c'est une question de texture, de senteur et de visuel. Bref, le moment du repas est essentiel pour aider votre enfant à développer ses sens, mais aussi sa gourmandise !

En pratique : et si vous proposiez à votre bambin un menu à thème ? Par exemple, le rouge ! Optez pour des aliments de cette couleur et déclinez ensemble des plats autour de cette thématique : tomates, poivrons, steak haché, betterave, fraises, cerises… Vous avez l'embarras du choix, pour vous régaler, mais aussi vous amuser !

Pas d'appétit ? Pas grave !

Pas de panique si votre enfant reste insensible à votre petit plat mitonné et qu'il refuse obstinément de finir son assiette. Lui apprendre à avoir confiance en lui, c'est aussi le laisser être à l'écoute de son corps quand il ne ressent pas le besoin de manger au moment où vous lui présentez son repas. Il vaut mieux différer un petit repas plutôt que de forcer son enfant à manger tout son plat ! Toutefois, vous savez qu'il est important de découvrir de nouvelles saveurs tout en respectant ses goûts, donc n'hésitez pas à lui proposer des nouveautés. Attention, si cet appétit de moineau est associé à un changement de comportement, comme une perte de poids, de l'agressivité ou encore de l'isolement, pensez à consulter votre pédiatre.

Dites bye-bye aux sucres industriels…

Manger trop de sucre occasionne des perturbations et des agitations intérieures, entraînant (dans le cas d'une consommation trop importante de sucres industriels) certaines formes d'hyperactivité chez l'enfant… Rassurez-vous, il y a une multitude d'options pour nourrir votre enfant de façon plus saine, avec des aliments contenant des sucres naturels, donc moins nocifs et avec plus de saveurs.

En pratique : évitez au maximum de ranger les sucreries du goûter sur une étagère à la hauteur des yeux de votre bambin. Misez plutôt sur une belle coupelle à fruits de saison (à choisir au marché, de préférence) au centre de la table de la cuisine, ou sur des biscuits faits maison (avec lui, de préférence) !

Le goûter, le piège à éviter !

Petite pause gourmande qui marque souvent la fin de la journée d'école, le goûter ne doit pas rimer avec excès de sucre ! Son goûter idéal :

- du bon pain avec des morceaux de fromage, comme du chèvre ou du comté ;
- les tartines (meilleures que les viennoiseries !) avec une barre de chocolat, des purées d'oléagineux ou de la confiture ;
- des fruits frais de saison et, l'hiver, des fruits secs à volonté !
- Et de l'eau plate, bien sûr…

À consommer… sans modération !

Apprenez à vos enfants à boire de l'eau, premier aliment indispensable au bon fonctionnement des cellules. Les boissons (hyper)sucrées sont des toxines sur le long terme et source de déshydratation plutôt que d'hydratation ! À l'inverse, l'eau est pleine de minéraux essentiels, parfaits pour booster les défenses de votre petit et assurer le bon fonctionnement de son organisme tout au long de sa journée !

En pratique : dès le réveil, proposez-lui un bon verre d'eau pure pour réveiller son petit corps ! Veillez également à ce que votre enfant ait une petite bouteille d'eau dans son cartable pour s'hydrater tout au long de la journée…

La naturopathie, pour une santé au naturel

La naturopathie est une médecine naturelle visant à renforcer les défenses de l'organisme par des moyens considérés comme naturels et biologiques. Cela passe (entre autres) par un rééquilibrage de l'alimentation pour protéger le système immunitaire… Un bienfait pour toute la famille !

2 recettes de naturopathie spéciales « confiance en soi » d'Aude Veret, naturopathe à Paris

- Un petit verre de jus de légumes-racines par jour : carotte, betterave, céleri, gingembre… Les légumes-racines (ils portent bien leur nom !) nous ancrent et nous relient à la terre. Outre leurs qualités nutritives, ils nous permettent d'avoir une énergie plus stable et plus tranquille.
- Le soir, avant de dormir, 1 c. à c. d'eau florale de fleur d'oranger dans de l'eau tiède, pour apaiser et rassurer en cas de chagrin, et pour un sommeil serein… **Attention :** il y a deux sortes d'eau florale : prenez celle qui est comestible ou culinaire, pas la cosmétique.

Bonus : pour trouver un naturopathe près de chez vous, l'OMNES, Organisation de médecine naturelle et de l'éducation sanitaire, propose un annuaire, http://www.naturopathe.net/liste-des-praticiens.

Pilier 2 : un environnement positif

Votre maison est un lieu de ressource pour votre enfant. C'est chez vous qu'il se restaure et fait le plein de confiance en lui, et le cadre que vous lui posez doit être empreint de bonnes énergies. Zoom sur l'ambiance zen à favoriser dans votre petit cocon…

Ma maison = ma ressource

Eh oui, les enfants sont des petites éponges qui absorbent très rapidement les émotions, les pensées et les intentions de leurs proches. Par exemple, si vous êtes stressé, agacé ou encore ennuyé, ils le ressentent et absorbent en eux, sans le vouloir, ces mauvaises énergies… C'est la raison pour laquelle il est essentiel de veiller à l'ambiance intérieure que vous instaurez pour leur bien-être, mais aussi pour doper leur niveau de confiance en eux ! Une famille qui communique bien, c'est une équipe qui gagne !

En pratique : créez des espaces de discussion dans lesquels tous les membres de votre petite tribu peuvent s'exprimer librement sans se sentir jugés ou dévalorisés. Créez un petit rituel une fois par semaine : un tour de table (le week-end, par exemple) pour évoquer les éventuels petits soucis (mais aussi les joies !) rencontrés en famille, et trouver ainsi des solutions ensemble.

Le saviez-vous ?

Selon une étude de 1989, The Bucarest Early Intervention Project, quand un enfant manque de liens bienveillants et d'interactions « soutenantes » dans sa famille, cela provoque chez lui un sous-développement encéphalique et une activité cérébrale réduite… Revenez toujours sur ce que vous avez observé d'agréable et de positif chez votre enfant, même si c'est plusieurs jours plus tard.

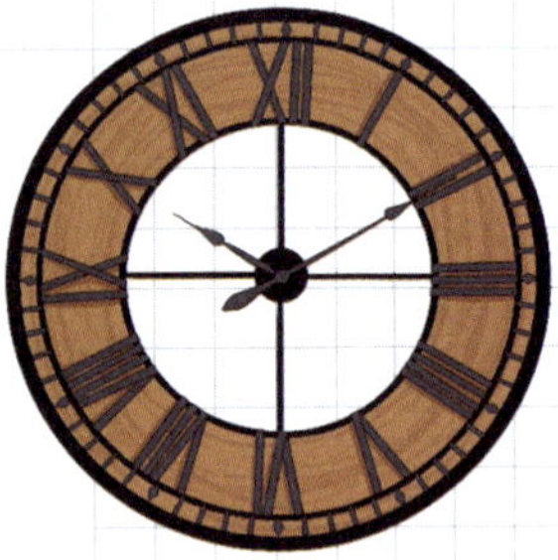

Prendre le temps, c'est important !

Quand on fait une demande à un enfant, on oublie souvent qu'il a besoin de temps. Il est tellement absorbé dans ses activités et dans le moment présent qu'il n'entend pas les requêtes des adultes, ou ne souhaite simplement pas s'arrêter… Aussi, quand il devra passer à table, partir à l'école, aller au bain ou commencer les devoirs, prévenez-le suffisamment à l'avance pour lui laisser le temps de terminer son activité ou, du moins, de se préparer à quitter ce moment. Cela lui rappelle que vous avez confiance en lui !

En pratique : exemples de phrases à lui dire…

- Dans dix minutes, tu nous rejoins pour passer à table…
- Dès que tu es prêt, tu vas au bain…
- Tu as besoin de combien de temps pour finir ton jeu ?

Bonus : placez non loin de lui un timer avec le nombre de minutes dont il a besoin pour finir son activité (cela ne doit pas excéder 15 minutes !). Ainsi, il saura que le temps est écoulé quand il entendra la sonnerie.

Écrans *versus* real life !

Exposer ses enfants aux écrans de manière précoce influe sur la construction de leur cerveau, et leur abus affaiblit leur concentration et perturbe leur rythme biologique… Pourtant, on ne peut le nier, les écrans font pleinement partie de notre vie (utilisation quotidienne du Smartphone, tablettes, ordinateurs portables…) ! Le meilleur des antidotes ? Montrer l'exemple en créant des temps off, c'est-à-dire sans écrans, et proposer plus souvent des jeux de société en famille. Autre attitude à mettre en place : s'intéresser (vraiment) aux activités qu'ils affectionnent pour renforcer la complicité et leur confiance en vous !

Transformer les crises en instants complices

Chaque être vivant est porteur d'une énergie et d'une force d'amour incroyable, et ce dès les premières secondes de sa vie. C'est pour cela que votre enfant aime profondément la vie et qu'il fait confiance naturellement… surtout aux adultes qui l'entourent ! C'est parce qu'il se sent exister dans votre regard et dans un cadre familial solide qu'il peut développer tous ses potentiels… même quand on lui dit non ! Un refus peut être plein d'amour.

En pratique : vous êtes dans les rayons d'un supermarché et votre bambin aperçoit un jeu qui lui fait terriblement envie… En deux secondes seulement, votre petit ange se transforme en diablotin qui se roule à terre pour que vous lui achetiez le jeu de ses rêves !

Réaction : « Je vois que ce jouet te plaît beaucoup. Je comprends, il a l'air très intéressant… Je ne peux pas l'acheter aujourd'hui, mais j'imagine que tu ferais plein de nouvelles choses avec, de nouvelles constructions… » Laissez votre enfant s'exprimer sur ce qu'il ferait avec ce jouet et mettez-vous à rêver avec lui. « Elles sont super, tes idées ! Tu vois, moi, si j'avais ce jouet-là, je m'amuserais aussi à construire un monde nouveau, je ferais un tremplin pour les voitures ou les chevaux… »

Conséquence : en vous mettant à sa hauteur d'enfant, avec des sourires et des gestes tendres, la situation de crise devient un moment d'écoute et de partage.

Oust, les comparaisons toxiques !

Oui, il peut vous arriver de comparer votre bambin à sa sœur, à son cousin ou encore à son camarade de classe… Pourtant, ce système de comparaison, qui peut paraître anodin, est source de jugement, d'interprétation, et empêche de voir réellement toute la richesse de votre petit. Au fond, il ne fait pas les choses comme sa grande sœur : c'est normal, il est lui, personne d'autre, et c'est parfait comme ça… N'est-ce pas ?

En pratique : quand vous vous surprenez à comparer votre enfant à un autre, cherchez dans l'instant les qualités ou la créativité dont il fait preuve au quotidien, et respirez profondément plusieurs fois d'affilée. Souriez, car cet enfant est le vôtre, et il est parfaitement… unique !

Pilier 3 : une communication de qualité

Il y a des mots qui sont doux comme des baumes et d'autres qui piquent… Et, bien entendu, les premiers sont préférables aux seconds pour favoriser la confiance en soi de son bambin. Si chaque enfant se sent entendu et respecté, enrobé par des paroles aimantes et justes, alors il avance dans la vie avec le plus beau des trésors : l'amour de soi. Voici quelques secrets pour une belle communication en famille.

Vos mots construisent (ou pas) la confiance en soi

Inconsciemment, votre petite bouille intègre tous les messages cachés derrière vos phrases… même celles qui vous semblent le plus banales ! Les neurosciences ont découvert que les jeunes enfants absorbent pleinement les messages envoyés par leurs proches, ainsi que par leurs enseignants. Ces mots façonnent leurs connexions neuronales et se transforment petit à petit en dialogues intérieurs… Quand les paroles sont négatives, cela génère des fausses croyances sur ce qu'ils sont.

En pratique : un enfant qui grandit dans une famille qui l'entend, le respecte et l'entoure de paroles aimantes, avance dans la vie avec un bel atout en poche : l'amour de soi !

L'info en plus !

Le professeur Masaru Emoto, chercheur japonais, explique dans son livre *les Messages cachés de l'eau,* publié en 2004, que nos pensées et nos émotions ont une influence sur la beauté des cristaux contenus dans des bouteilles d'eau gelées.

Comment ? Sur des bouteilles d'eau, Masaru Emoto indique avoir inscrit des messages positifs ou négatifs. Il constate alors que ces mots ont une influence sur la qualité des cristaux dans les bouteilles. Les mots « amour » et « gratitude » donnant les plus beaux cristaux, quelle que soit la langue utilisée. Il a également constaté cette même influence des prières et de la musique sur l'eau…

Pleins phares sur les mots doux

« Oh ! mais cesse de pleurer ! Tu n'as rien du tout, tu es à peine tombé… » Quel parent n'a jamais prononcé ce type de phrase devant les larmes de son enfant ? Pourtant, lorsqu'on fait cela, un mauvais message lui est envoyé ! En affirmant à haute voix que son ressenti n'est pas réel, on le sépare de ce qu'il ressent. Les remarques de ce genre (quand elles sont répétées au quotidien) auront plutôt tendance à rendre l'enfant confus et l'empêcheront, par la suite, de croire en ses propres sentiments.

En pratique : ayez des mots doux et bienveillants quand votre enfant vous parle de ses ressentis. Cela lui apprend qu'il peut avoir confiance en ce qu'il éprouve et que vous le croyez. Cercle vertueux, vous avez dit ?

Doux souvenirs

Les enfants adorent quand on leur raconte leur naissance… Ils aiment entendre la joie que vous avez eue à les accueillir et à devenir parent. Ces petites histoires sont des instants de bonheur qui les font vibrer et qu'ils garderont en mémoire dans leur corps et leurs cellules.

En pratique : n'hésitez pas à partager les anecdotes qui vous ont attendri, émues, ce qui vous a rempli d'amour ou ce qui vous a fait rire. C'est, peut-être aussi, l'occasion de parler des peurs s'il y a eu des complications lors de sa venue au monde. N'ayez pas crainte de le faire, car ainsi vous allégez votre enfant de vos propres peurs.

Apprendre à reformuler, pour des phrases 100 % positives

Être positif, c'est voir le meilleur en toutes choses… et le transmettre à votre enfant ! Voici quelques petites idées de reformulations positives et bienveillantes pour votre enfant. Inspirez-vous-en au quotidien…

En pratique

→ **Au lieu de dire :** « Arrête cette colère et va dans ta chambre, tu es méchant ! »
☑ **Je dis :** « Je comprends que tu sois en colère, mais ton comportement n'est pas acceptable. Nous en reparlerons plus tard. »

→ **Au lieu de dire :** « Ne fais pas ça comme cela, tu ne vas pas y arriver. »
☑ **Je dis :** « De quoi aurais-tu besoin pour réussir, pour y arriver ? »

→ **Au lieu de dire :** « Tu es vraiment nul, tu as encore fait tomber de l'eau. »
☑ **Je dis :** « Je vois que de l'eau a été renversée, qu'est-ce qui serait utile pour nettoyer ? »

→ **Au lieu de dire :** « Oh ! Mais tu en verras d'autres ! »
☑ **Je dis :** « Oui, c'est difficile ! Oui, c'est dur ! Je comprends et j'ai confiance en toi, tu vas trouver un moyen. »

Refuser les stigmatisations

Concentrez-vous sur les compétences de votre enfant qui se déploient plutôt que sur ce qu'il ne sait pas (encore) faire. Cela évite notamment les étiquettes dévalorisantes du style « tu es étourdi » ou bien « tu es vraiment une miss catastrophe ». Au contraire, n'hésitez pas à ponctuer certaines des actions de votre bambin par : « Je n'ai aucun doute sur le fait que tu y arriveras à ta manière. »

→ **Au lieu de dire :** « Ce n'est rien, tu es juste tombé, ne pleure pas. »
☑ **Je dis :** « Je vois que tu es tombé. Quand on tombe, on peut avoir mal ou avoir peur, c'est normal. »

Nommer (et savourer) les bons moments

Les enfants voient le monde à leur hauteur, et avec leurs yeux d'enfant ! Ils ne sont pas des adultes miniatures, et il peut arriver que les parents projettent sur eux leur façon de vivre les expériences en pensant, à tort, qu'ils sont comme eux. Comment éviter de leur transmettre vos émotions d'adulte un tantinet (trop) terre à terre ? En voyant la vie en rose, pardi !

En pratique : prenez quelques secondes pour nommer de temps en temps ce qui a été agréable pour vous en tant que parent : « C'était chouette tout à l'heure quand tu es venu me faire un bisou après le repas » ou « « J'ai beaucoup aimé ta surprise ce matin, ça m'a fait chaud au cœur et je suis parti travailler le cœur en fête. »

Gare aux messages violents...

Attention à certains dessins animés, à certains films... Ne mettez pas les jeunes enfants devant des images qui ne sont pas adaptées pour eux. Ces images restent, et il leur est parfois difficile de s'en défaire, d'autant qu'elles vont être amplifiées par leur imagination fertile. Soyez également vigilant lorsque la télé est allumée au moment du 20-heures : ce que les enfants voient et ce qu'ils entendent ne sont pas reçus par eux de la même manière que les adultes, qui peuvent faire preuve de distance...
En la matière, le CSA (Conseil supérieur de l'audiovisuel) est très clair : pas d'écrans avant 3 ans et, pour les enfants âgés de moins de 8 ans, il est conseillé de leur proposer seulement des programmes jeunesse. Le Conseil préconise également de limiter au maximum le temps qu'ils passent devant les écrans.

Comment formuler vos peurs... sans lui transmettre ?

Les peurs sont des petites grignoteuses de confiance en soi... Quand elles sont mal exprimées, elles peuvent nourrir une vision négative et dévalorisante chez une personne, paralysant ainsi son action. Pourtant, en apprenant à nommer vos peurs de manière simple, notamment quand votre enfant fait une chose qui vous inquiète, vous lui indiquez que vous croyez en ses capacités et que vous lui faites confiance. Nommer vos ressentis est le meilleur antidote à la peur !

En pratique : « Quand je te vois monter sur ce tabouret, j'ai peur que tu tombes. J'ai besoin de te savoir en sécurité. As-tu besoin que je te tienne la main ? » Faites confiance à votre petit en formulant simplement vos appréhensions : il saura vous dire s'il a besoin de vous, et sera fier de ses nouvelles capacités et de son autonomie… sans se sentir alourdi par vos craintes.

Pilier 4 : chouchouter son corps et son esprit

N'ayez pas peur… de parler de vos peurs !
Une peur reconnue donne la possibilité de devenir une personne courageuse. Quand on sait parler de sa peur et qu'on nomme ses sentiments face à elle, cela permet de faire attention à soi ! N'hésitez pas à parler de vos peurs à votre enfant, il pourra ainsi mieux identifier les siennes et se détacher des vôtres.

Bonne nouvelle : à la naissance, chaque être humain est doté d'intelligence… Bien loin des clichés, la notion d'intelligence ne se résume plus seulement au cerveau ni aux aptitudes scolaires : comme la nature est bien faite, chaque être humain possède plusieurs formes d'intelligence : le corps, la respiration, les émotions et l'imagination… Ce sont des intelligences naturelles sur lesquelles s'appuyer quotidiennement, comme de fidèles compagnons de route, autant pour s'équilibrer que pour s'adapter, autant pour déployer sa créativité que pour se connecter à soi. Disponibles à tout instant et sans faire beaucoup d'efforts, elles fortifient la confiance en soi de votre enfant, de quoi booster son sentiment de sécurité… Pratique, n'est-ce pas ?

L'automassage pour réveiller son corps

Effectué régulièrement, l'éveil du corps permet à votre petit protégé de mieux se connaître. Mais ce n'est pas tout : il amène aussi plus de calme dans son quotidien et lui permet de se rassembler quand il y a trop d'agitation autour de lui. En bref, il lui apporte du repos mental et de la concentration.

En pratique : à faire avec votre enfant (5 à 10 minutes chaque jour)

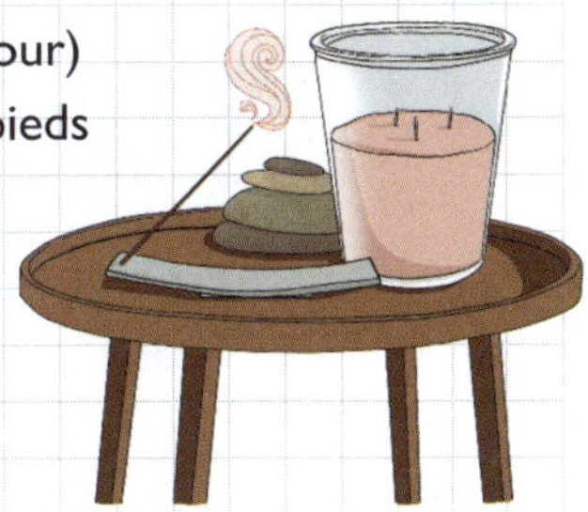

1. Enlevez ses chaussures afin qu'il sente bien le contact de ses pieds au sol.
2. Debout, réalisez ensemble trois grandes respirations bien amples. Desserrez les dents, relâchez les épaules et les fesses. S'il souhaite plus de confort, dites-lui de fléchir très légèrement les genoux.

3. Ce sont ses mains qui vont éveiller son corps (et vos mains, le vôtre) par des massages. Choisissez la formule qui vous convient le mieux : un geste doux ou plus tonique, des tapotements, des frictions… Puis, sans bloquer votre respiration, commencez par les oreilles, le cuir chevelu, le visage, le cou, les bras… et ainsi de suite jusqu'aux pieds.
4. Asseyez-vous ou allongez-vous en fermant les yeux, et prenez le temps de respirer profondément. Observez ensemble ce qui se passe dans vos corps, ce que vous ressentez…

Bonus : à la fin de l'exercice, suggérez à votre enfant de penser à une image, à une qualité, à un mot, à une force ou à une phrase qui lui fait du bien !

Les émotions pour bien grandir

Une émotion, c'est une expression de soi… Quel parent n'a jamais vécu une crise de larmes de son enfant au moment de devoir lâcher son jouet pour se brosser les dents ou pour manger ? Vous connaissez certainement cette (éprouvante) expérience ! Pourtant, si l'attitude de votre petit vous agace, gardez en tête qu'il a naturellement besoin de votre compréhension face à ses émotions, tout simplement parce qu'il n'a pas la maturation cérébrale pour les reconnaître et prendre de la distance vis-à-vis d'elles. Il a besoin de vous pour savoir que l'émotion est une intelligence et qu'elle n'est pas nocive. Punir ou réprimander verbalement un enfant qui traverse une émotion, c'est le laisser seul avec ses ressentis, envahi et dépourvu.

Découvrez les **4 émotions principales** de votre enfant pour comprendre leur importance dans son développement.

- **La joie** souligne que votre petit est sur le bon chemin et elle favorise ses apprentissages.
- **La colère** indique que quelque chose n'est pas juste, elle protège et restaure son intégrité.
- **La peur** permet de faire face au danger et elle maintient dans des zones de sécurité.
- **La tristesse** amène à l'acceptation de la perte, de la notion de séparation et au dépassement.

Focus sur le rôle de la colère

S'il y a bien une émotion qui peut dérouter les parents, c'est la colère. Par exemple, quand votre enfant pleure à chaudes larmes, se roule à terre, claque des portes, vous êtes (à juste titre) bien agacé... Vous trouvez cette attitude inacceptable et agaçante, en particulier quand vous êtes en public. Pourtant, quand elle est bien gérée, la colère permet de faire grandir sa confiance en soi !

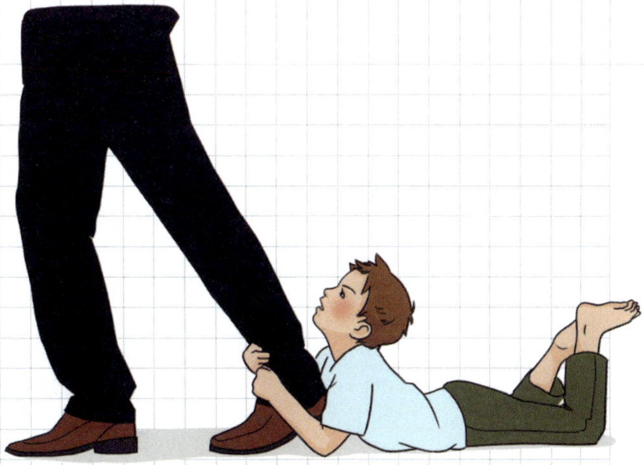

Le caprice est une fausse croyance

Croire qu'un enfant se met en colère par caprice et qu'il cherche à manipuler son monde pour obtenir quelque chose est faux. Il s'agit au contraire d'une décharge émotionnelle (souvent en lien avec la fatigue) qu'il convient d'accueillir, d'écouter et, surtout, de comprendre ! Rassurez-vous, cette attitude bienveillante ne fera pas de votre enfant un petit tyran ou un capricieux, ni de vous un parent laxiste, bien au contraire ! En développant votre capacité d'écoute et de compréhension face à ses émotions fortes, vous garantissez chez lui des comportements plus paisibles, et surtout une belle confiance mutuelle. Résultat : plus votre enfant se sent écouté et respecté dans ses émotions tout en bénéficiant d'un cadre ferme autour de lui, plus il se sent en confiance !

En pratique : cela peut sembler difficile, mais il n'y a pas d'urgence à savoir d'où provient sa colère (du moins, dans l'instant). Un enfant qui est en pleine crise de larmes ne saura pas répondre aux questions : « Pourquoi ces pleurs ? Qu'est-ce qui se passe ? » Avant tout, bannissez les phrases du style « Calme-toi », « Ça va aller », « Tu devrais... » ou « Va dans ta chambre » Un enfant a le droit d'être en colère, et cela ne devrait pas chagriner ou déranger à ce point les adultes que nous sommes.

Pour désamorcer la crise, quelques conseils...

- Respirez profondément pour garder le contact avec vous-même et ne pas plonger dans l'émotion de votre enfant.
- Laissez votre enfant vivre son émotion jusqu'au bout sans vouloir l'arrêter ou la faire disparaître.
- Nommer l'émotion de votre enfant du mieux que vous pouvez : je vois que tu es triste, que tu es en colère...
- Écoutez, câlinez, proposez un verre d'eau ou laissez-lui du temps et de l'espace s'il le souhaite (en restant à proximité toutefois).

En amont...
Savoir que ces décharges émotionnelles prennent – pour la plupart d'entre elles – leur source quelques heures plus tôt, aide à être plus compréhensif et à l'écoute quand l'enfant traverse une crise dans l'instant T.

Bonus : la chambre de votre enfant doit être un espace sécurisant, comme un petit nid douillet dans lequel il peut venir se lover en cas de besoin (colère, fatigue, crise de larmes…). N'hésitez pas à lui installer un petit coin cocoon, avec des coussins et des plaids pour qu'il puisse s'y ressourcer au besoin.

Bien respirer pour s'apaiser

Savoir bien respirer permet de rester en bonne condition physique et psychique, et aide votre corps (et ses organes) à bien fonctionner ! C'est la raison pour laquelle les exercices de respiration sont de formidables alliés pour apaiser et réguler les émotions de votre enfant : une bonne respiration lui offre de l'espace intérieur pour se décharger de ses petites et de ses grandes tensions. Encourager votre bambin à percevoir ce mouvement de vie à l'intérieur de lui et vers lequel il peut revenir en permanence, c'est lui donner la possibilité de se ressourcer seul quand vous n'êtes pas avec lui.

Tout au long de ce cahier, vous trouverez des exercices de respiration pour apprendre à avoir confiance en soi et à gérer ses émotions. N'hésitez pas à les pratiquer au quotidien avec votre bambin, en insistant bien sur le fait qu'il peut utiliser ce pouvoir tout simple à chaque moment de sa vie quand il ressent le besoin de se rassurer et de retrouver son calme.

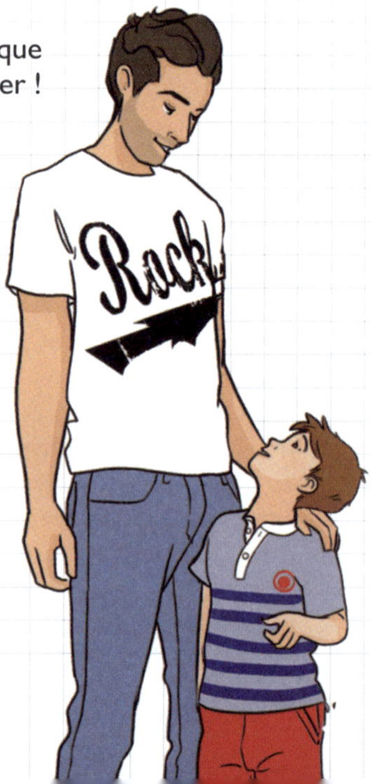

En pratique : 2 respirations pour gérer les crises comme un pro…

La respiration de l'amour

Quand votre enfant est agité ou tracassé, quand il pleure, asseyez-vous avec lui, ventre contre ventre, et enveloppez-le de vos bras et de votre corps. Soyez attentif à vos deux respirations : il faut qu'elles soient douces et profondes. Ainsi entouré, votre petit pourra caler son rythme sur le vôtre et s'apaiser sereinement dans vos bras. Quelques minutes de respiration à l'unisson, voici une recette magique pleine de bonheur et de douceur !

La pédale de frein

Il suffit d'allonger le temps de l'expiration en soufflant par la bouche pendant quelques minutes pour chasser le déséquilibre temporaire. Vous ralentissez ainsi les fonctions de l'organisme, vous préservez et équilibrez les énergies.

Soufflez lentement, jusqu'à retrouver une sensation de calme dans le corps, dans la respiration. Suggérez à votre enfant d'imaginer que, quand il expire, le stress, la colère, la tristesse, l'énervement ou encore la douleur partent au-delà de ses pieds, comme un souffle qui balaie toutes les perturbations…

Bonus : quand la tempête s'est éloignée, proposez-lui de choisir un mot calme ou une image apaisante qu'il aime pour ancrer en lui la sérénité.

L'imagination, source de créativité

Les enfants imaginent, car ils ont une grande ouverture d'esprit… Eh oui ! Avez-vous déjà remarqué que, lorsque votre enfant cultive son imagination (grâce à des jeux, des livres, des films d'animation), il émane de lui une créativité extraordinaire ? Quand il s'invente des mondes imaginaires (dès 18-24 mois), il développe à vitesse grand V ses fonctions cognitives (qui permettent les apprentissages) et ses fonctions affectives (qui favorisent les liens avec soi et avec les autres). C'est dire si l'imagination est importante pour son développement… Elle relie à la capacité de réussir, donc à la joie. Résultat : loin de subir une situation désagréable, votre bambin sait se dépatouiller comme un grand face à ses petits soucis et il trouve des solutions comme un chef !

En pratique : aider son enfant à visualiser, c'est lui permettre de trouver des ressources et de laisser émerger des solutions en toute autonomie. Proposez-lui de s'installer confortablement et de respirer profondément plusieurs fois, comme s'il aérait sa maison le matin. Dites-lui :

« Imagine un lieu magique, comme sur un écran… Prends le temps de voir comme il est coloré… lumineux… c'est peut-être un jardin magique, une maison ou une cabane dans un arbre, ou encore un nuage, une belle étoile… Dans ce lieu, à chaque fois que tu respires, tu te remplis d'une nouvelle force, d'une nouvelle énergie. C'est une force magique. Cela ressemble peut-être à de la confiance, à de la joie… mais aussi à une belle couleur… à une lumière qui remplit tout ton corps, toute ta tête… Même la partie de ton cerveau qui produit les idées est imprégnée de cette force magique. Maintenant, elle va rester en toi. Et, même si tu ne la vois pas, elle sera là et elle t'aidera pour trouver des solutions ou de nouvelles idées. Elle peut aussi t'aider à résoudre quelque chose d'important pour toi… Tu n'auras qu'à penser à ton lieu magique de temps en temps pour retrouver toute cette force quand tu en as besoin. »

Terrassez les monstres avec lui !
Quand l'imagination d'un enfant est trop forte, il peut parfois se créer des petites peurs… Évoquez avec lui vos propres peurs d'enfant : les extraterrestres derrière le rideau, la sorcière dans le placard, le monstre sur l'étagère… « Moi, c'était un crocodile sous mon lit qui me terrorisait tous les soirs ! » L'objectif ? Lui montrer qu'il n'est pas seul et qu'il peut compter sur vous pour terrasser les vilains !

Chapitre 3

Parents, renforcez votre confiance en VOUS !

Vous le savez désormais : votre confiance en vous influe directement sur celle de votre bambin. L'estime que vous vous portez, quand elle est bonne, apporte de la sérénité dans vos rapports avec votre petite tribu. En clair : si vous vous aimez réellement, vos actions et vos réactions seront plus justes et positives, pour vous en premier lieu, et pour vos proches. En revanche, si vous manquez de confiance en vous, vos actions et vos réactions seront différentes, et votre petit aura tendance à vous imiter… Aussi, pour doper votre confiance en vous et ensuite la transmettre à votre enfant, plongez dans votre cahier ! Cette partie est pour vous… rien que pour vous !

Votre enfant = votre miroir

Entre les courses, les activités sportives de chacun et la paperasse à gérer, vous n'avez plus forcément le temps d'observer la manière dont vous agissez avec votre enfant ! Et si vous preniez quelques minutes de pause pour regarder ce que votre enfant vous montre en miroir ? Postures, expressions, mots récurrents… Il vous imite inconsciemment ! L'observer attentivement vous permettra d'ajuster certains de vos comportements et de remédier à quelques-uns de vos petits travers.

En pratique : si vous avez tendance à vous dévaloriser en mode « Oh ! là, là ! quelle nouille, j'ai encore oublié les œufs ! » ou « Qu'est-ce que je peux être bête parfois ! », votre enfant aura lui aussi tendance à se juger de la même manière quand il ne réussit pas quelque chose.

Test : quel communicant êtes-vous avec votre enfant ?

À la maison, vous êtes plutôt du genre bulldozer (navigation à vue entre le bain des enfants, les repas à préparer, les papiers administratifs à boucler…), et votre communication est souvent teintée d'ordres et autres injonctions ? Vous êtes plutôt du style « keep cool », à toujours prendre les choses du bon côté sans trop vous mettre de pression pour boucler toutes les corvées ? Pour savoir comment votre manière de communiquer influe sur la confiance en soi de votre bambin, testez-vous !

Communication inconsciente…
Contrairement à ce que l'on pense, la communication n'est pas uniquement verbale. Elle serait même à 80 % non verbale ! Postures, attitudes, habitudes pensées… chaque individu envoie des messages pour communiquer, plus ou moins consciemment. Ainsi, vos actes et vos pensées peuvent être en inadéquation, et votre enfant, naturellement, le ressent !

Piste 1 : comment parlez-vous ?

1. Quel genre de mots j'utilise ?

a Je varie mon vocabulaire et j'aime découvrir de nouveaux mots. ❑

b J'utilise toujours les mêmes groupes de mots. ❑

2. Dans quelle forme de langage suis-je ?

a Conventionnel : je parle au boulot comme je parle à la maison. ❑

b Argot : je parle de manière plus relâchée, et il m'arrive parfois de jurer… ❑

3. Comment est-ce que je construis mes phrases ?

a Phrases entières : « Peux-tu finir de ranger ta chambre, s'il te plaît ? » ❑

b Mode impératif : « Range ta chambre ! » ❑

J'ai coché plus de a

Bravo, car votre enfant aime apprendre des nouveaux mots ! Cela l'aide à développer la compréhension du monde qui l'entoure et à développer son cerveau cognitif. Il est sensible à la musique délicate des phrases et aime les demandes qui commencent par « je ». Comme : je veux, je souhaite, j'aimerais… Le langage est fondamental et il participe à l'expression de soi… et l'expression de soi, c'est une « ex-pression » interne.

J'ai coché plus de b

Chez vous, c'est relâche pour tout le monde, et pas besoin de se prendre la tête pour se dire les choses ! Vous avez raison, cela fait du bien de se sentir compris par ses proches sans avoir à faire (trop) d'efforts. Pour autant, n'hésitez pas à diversifier un peu vos phrases en utilisant des tournures plus longues pour varier du mode impératif. Votre bambin vous imitera à coup sûr !

Piste 2 : comment bougez-vous ?

1. De quelle nature sont mes gestes quotidiens ?

a Paisibles, délicats, harmonieux… J'aime prendre le temps d'agir. ❑

b Précipités, nerveux, brusques… je suis souvent dans le stress. ❑

2. Quelles sont les postures favorites de mon corps ?

a Cage thoracique ouverte, dos droit et tête relevée. ❑

b Épaules rentrées, dos courbé et bras refermés. ❑

3. De façon générale, quelle est mon attitude ?

a Tonique, fluide, je bouge dans l'espace avec aisance. ❑

b Tendue, avachie, je sens que je manque de tonus dans mes déplacements. ❑

J'ai coché plus de a

Vous êtes à l'aise dans vos baskets et votre attitude corporelle s'en ressent. Les épaules et le torse ouverts sont des signes positifs qui transmettent des messages d'ouverture et d'accueil à tous ceux qui vous entourent. Votre petit s'inspirera des mouvements tranquilles et apaisés de votre corps !

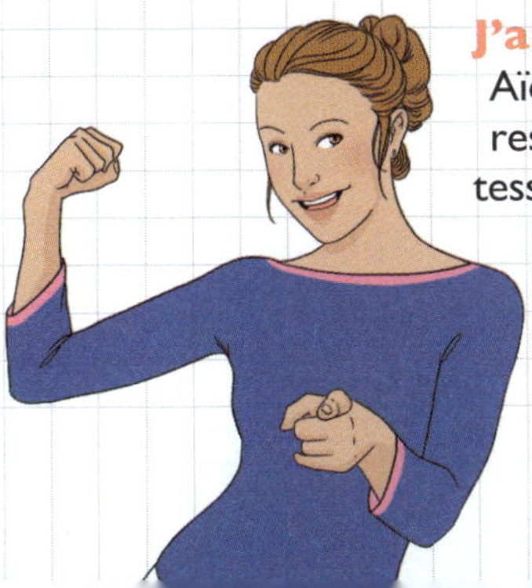

J'ai coché plus de b

Aïe ! Il est temps de prendre des réflexes de détente et de bonne respiration dans vos journées, certes bien remplies. Gagner en délicatesse et se redresser dans le quotidien vous permet souvent de voir les choses sous un autre angle et de façon moins pénible. Votre enfant a besoin d'un climat empreint de délicatesse, et il aime la détente et le calme. N'oubliez pas que votre petit bout absorbe tout… postures comprises !

Piste 3 : quelles émotions transmettez-vous ?

1. Est-ce que je partage mes principales émotions ?

- **a** Le plus souvent, j'aime partager ce qui me traverse. ❑
- **b** Jamais, je garde mes émotions pour moi, trop de pudeur… ❑

2. Est-ce que je reconnais et sais prendre de la distance avec les émotions (diverses et variées) ?

- **a** Toujours du mieux que je peux pour ne pas encombrer les autres. ❑
- **b** Rarement ; il m'arrive de me laisser submerger par ce que je ressens. ❑

J'ai coché plus de a

Vous extériorisez vos sentiments à merveille ! Dire ce qui vous plaît, vous fait du bien ou encore vous ennuie, ce n'est pas un problème… Grand bien vous fasse ! Vous savez communiquer vos états intérieurs à vos proches, et ainsi ils savent vous décoder. Cette expression est bénéfique pour les enfants, qui s'approprient à leur tour cette attitude d'expression personnelle.

J'ai coché plus de b

Ce sont des choses qui arrivent ! Il est parfois bien compliqué de savoir quoi faire avec ses émotions. Votre enfant est sensible aux variations de votre météo intérieure, il fonctionne comme une éponge qui absorbe tout. Pour qu'il apprenne à nommer ses propres émotions, il faut faire l'effort de nommer les vôtres. Mettre des mots sur ses états intérieurs permet à tous de mieux comprendre et de réagir différemment.

Piste 4 : où en êtes-vous sur le plan de la sensibilité ?

1. Suis-je quelqu'un d'empathique ?

- **a** Je n'ai aucune difficulté à ressentir ce que ressentent les autres. ❑
- **b** C'est souvent compliqué pour moi de comprendre ce que traversent les autres. ❑

2. Quel est mon taux de compréhension des autres ?

- **a** J'ai une patience d'ange, je peux les écouter indéfiniment, ou presque ! ❑
- **b** Je suis vite agacée par le comportement des autres. ❑

3. Est-ce qu'il m'arrive de juger mes proches ?

- **a** Moi ? Jamais ! ❑
- **b** Euh… un peu ! Je dois bien l'avouer… ❑

J'ai coché plus de a

Magnifique ! Votre enfant arrive sur terre avec de belles capacités humaines et avec votre bienveillance et votre empathie naturelle, vous lui donnez un bel exemple d'altruisme. C'est une des grandes clés de la relation avec vos proches, mais aussi avec tous les êtres humains et les boules de poils que vous croisez sur votre route. La compréhension et le non-jugement permettent d'avoir de bonnes bases pour avancer sereinement et en confiance dans la vie.

J'ai coché plus de b

Se mettre dans les chaussures de quelqu'un d'autre n'est pas chose aisée pour vous. Pas de panique, cela s'apprend ! Décoder les gens qui vous entourent et leur apporter une écoute de qualité se pratique au quotidien. Et cela commence notamment par poser les bonnes questions et par écouter… sans forcément apporter tout de suite une solution ! À la clé ? Des relations confiantes et empreintes de beaux échanges avec votre petit. Lancez-vous !

Piste 5 : quelles sont vos habitudes de vie ?

1. Quelle est ma relation au corps ?

a Je sais prendre soin de lui et je suis à son écoute. ❑

b Je suis plutôt quelqu'un de cérébral et de peu axé sur le corps. ❑

2. Comment est-ce que je me nourris ?

a Je me fais plaisir (ah, le chocolat !) et je me nourris sainement. ❑

b Moi et la nourriture, c'est compliqué… ❑

3. Comment est-ce que je dors ?

a Je suis plutôt du style marmotte : le réveil n'est définitivement pas mon ami ! ❑

b J'ai du mal à m'endormir, et il m'arrive souvent de faire des réveils nocturnes. ❑

4. Quels sont mes projets et mes envies pour l'avenir ?

a Ça fourmille, mon cerveau est une vraie boîte à idées. ❑

b Je préfère me concentrer sur le présent, c'est bien assez chargé comme ça ! ❑

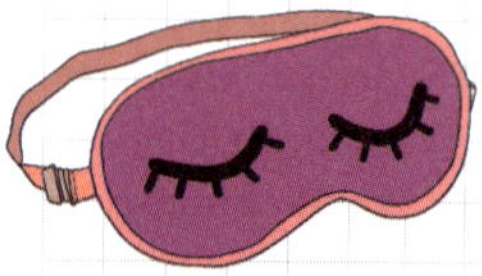

J'ai coché plus de a

C'est un bon point, car votre dynamique de vie est tournée vers l'écoute et le respect de soi. Votre enfant aime voir ses parents heureux. Non seulement il est rassuré par le fait que des adultes s'occupent de lui, mais il peut reproduire et enregistrer des comportements sains qui le rendent heureux et qu'il reproduira par la suite.

J'ai coché plus de b

Vous êtes focus sur les obligations du quotidien et vous avez un peu de mal à dégager du temps pour prendre soin de vous, de votre corps et de votre mental. Rassurez-vous, nombreux sont les parents qui mettent de côté leur vie perso au profit de la vie de famille, mais cela peut changer facilement : prenez soin de vous et écoutez au maximum les messages de votre corps… Vous verrez, vos relations familiales s'en trouveront complètement changées !

Votre programme confiance

Je m'observe pour moduler mes comportements

Acte 1 : enquête de satisfaction personnelle

Rien de tel qu'une petite enquête sur soi-même pour mieux se connaître et détecter quelles sont ses forces et ses qualités, pour s'apprécier un peu plus chaque jour, mais aussi pour débusquer les petits travers de sa personnalité (car, oui, tout le monde en a, rassurez-vous !). Tentez d'être le plus objectif possible dans vos réponses sur ce que vous pensez de vous en tant que personne, en tant que parent, mais aussi que conjoint. L'idée ? Faire le point sur votre jauge de confiance en vous et détecter les éventuels axes d'amélioration. À l'issue de cette mini-investigation, une meilleure connaissance de vous-même pour devenir le mentor « confiance » de votre bambin !

En pratique

Mes qualités en tant que personne :

Mes qualités en tant que parent :

Mes qualités en tant que conjoint :

Mes pistes d'amélioration pour booster ma confiance en moi :

Je m'aime un peu, beaucoup…

Apprendre à son enfant à s'aimer et avoir confiance en lui, c'est bien… Mais vous, vous aimez-vous assez ? Sachez qu'un parent bien dans sa peau (et bien dans ses baskets !) est armé pour accompagner sereinement son enfant dans son développement affectif. Pour vous aider à nourrir votre self-estime au quotidien et vous chouchouter comme il se doit, voici quelques petits rituels bienfaiteurs.

En pratique

- Le week-end, posez-vous avec cette question : « Ai-je écouté mes besoins cette semaine ? »
  Objectif ? Apprendre à écouter sa petite alarme intérieure et respecter ses besoins pour être en accord avec soi-même.

- Une ou deux fois par semaine, pratiquez votre sport préféré ou votre activité créatrice favorite.
  Objectif ? Décharger les tensions et se sentir fier d'avoir accompli une activité saine pour son corps et son esprit !

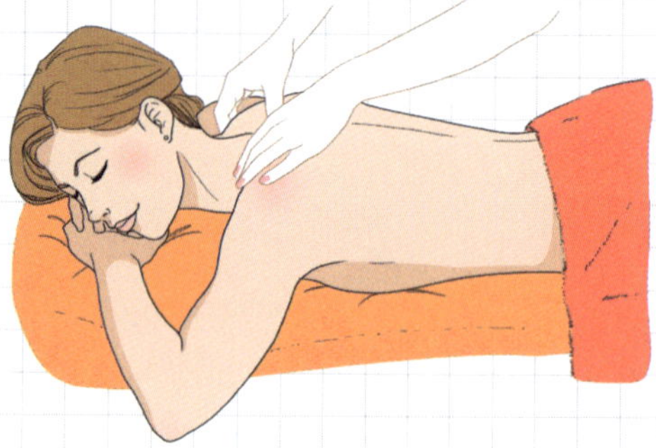

- Au quotidien, prenez rendez-vous avec vous-même : un café en terrasse, un bain avec des bougies, un massage…
  Objectif ? Vous chouchouter et renouer avec votre moi profond, sans vos enfants, juste vous… rien que vous !

- Pendant un temps off, 10 minutes par jour, explorez la sophrologie, la méditation (vous trouverez une multitude d'applications sur votre Smartphone et des idées dans ce cahier).
  Objectif ? Mieux vivre avec soi, écouter sa petite voix intérieure et réduire son stress.

Ces pratiques quotidiennes vous permettent non seulement d'identifier vos émotions (pour qu'elles ne ressurgissent pas à un moment inapproprié), mais aussi de développer votre estime de soi et votre écoute. Mieux se connaître et s'apprécier, ça a du bon et ça rend la vie plus légère, pour vous et pour votre petite tribu !

Visualisez-vous heureux et confiant !

Vous avez l'impression que vos semaines s'enchaînent sans répit et ne vous laissent quasiment pas le temps de sortir la tête de l'eau pour respirer un peu ? Pas de panique, deux exercices de visualisation positive vous permettent de dire stop à l'agitation extérieure et intérieure pour retrouver de l'espace mental… et de la confiance en vous !

En pratique

Dans votre bain, dans les transports en commun ou pendant une pause au bureau, visualisez-vous heureux, serein dans un moment de vie ou dans votre travail, dans une activité, dans vos relations… Savourez votre visage souriant dans l'instant. Le pouvoir des zygomatiques fonctionne sur votre humeur ? C'est parfait !

Soufflez !
Dans vos aventures quotidiennes, si vous vivez des turbulences ou que vous vous sentez fatigué, refaites cette visualisation. Elle ne prend pas beaucoup de temps, juste quelques secondes, et votre cerveau redistribuera à votre corps des informations agréables ! De quoi se rebooster facilement et revenir à une ambiance interne joyeuse et sereine.

Bonus : lors d'un câlin, le soir, ou d'un moment complice, partagez avec votre enfant les images de vos petites visualisations positives, mais aussi les sentiments de bonheur que vous avez eus. Votre enfant en sera ravi, et son cerveau aussi car, mine de rien, vous lui apprenez des clés de la transformation et du bonheur !

2 questions pour changer sa vie (ou presque)

Eh oui, le cerveau, c'est comme un muscle, ça se tonifie ! Entraînez-vous régulièrement à cet exercice méditatif qui permet de porter votre attention sur ce qui rend heureux plutôt que l'inverse. Très utile en cas d'anxiété, par exemple quand vous vous surprenez à imaginer des scénarios catastrophes (vous savez, les pires choses qu'on puisse imaginer et qui n'existent pas !) ou que vous ruminez des situations ou des pensées négatives…

En pratique

- Au quotidien, sur quoi portez-vous votre attention le plus souvent ?

....

....

- Cela vous rend-il heureux ?

....

....

Résultat : plus vous portez votre attention sur ce qui ne va pas, plus la confiance que vous vous portez et que vous portez aux autres chute… Pour vous sortir de là, respirez profondément plusieurs fois d'affilée et tournez votre attention vers tout ce qu'il y a de positif dans votre vie. Faites en sorte de vous souvenir d'un petit moment de joie, de réussite, de complicité de votre vie… en excluant tout ce qui peut être polluant ou négatif !

Rêvez loin !
Profitez des moments en famille, comme les anniversaires, pour évoquer vos rêves, même les plus fous. Point de censure. Point de moqueries ! « Comment je pourrais changer le monde ? », « Quelle est l'aventure la plus folle que j'aimerais vivre ? », « Quelle est la tenue la plus loufoque que j'aimerais porter au boulot ? », autant de sujets qui vous permettent de découvrir le petit grain de folie (bien) caché en vous ! Vous êtes surprenant, c'est certain !

J'agis au quotidien pour doper ma confiance en moi

Acte 2 : enquête de satisfaction familiale…

Après avoir enquêté sur vous-même dans la première partie de ce chapitre, menez votre petite investigation auprès de vos proches (conjoint et enfants) en leur demandant quelles sont les qualités qu'ils vous reconnaissent. Cela vous permettra notamment de rapprocher, ou pas, vos précédents résultats en fonction de leurs réponses, et de trouver vous-même vos pistes d'amélioration sur le plan de la confiance !

En pratique

Mes qualités en tant que personne selon mon conjoint :

Mes pistes d'amélioration :

Mes qualités de parent selon mon conjoint :

Mes pistes d'amélioration :

Mes qualités de parent selon mon enfant :

Mes pistes d'amélioration :

5 mantras pour devenir son meilleur ami

Avez-vous remarqué comme la critique est aisée et l'art du compliment, difficile ? Pourtant, savoir se féliciter quand on est fier de soi ou s'encourager de manière bienveillante est tellement mieux pour avoir confiance en soi et avancer sereinement dans la vie ! Pour devenir son propre meilleur ami, découvrez 5 mantras 100 % positifs, à se répéter (et à coller sur son frigo, pourquoi pas) sans modération !

1. Il n'y a pas d'échec, que des expériences.
2. Je fais toujours du mieux que je peux.
3. Je ne prends pas les choses personnellement.
4. Il n'y a que ceux qui ne font rien qui ne se trompent pas.
5. J'aime et je remercie mon corps et chacune de mes cellules qui m'accompagnent au quotidien.

Votre planning respiration pour être un parent relax

Quand un membre de la famille est nerveux, c'est bien connu, tous les autres le deviennent à leur tour ! La tension a pour effet de se propager comme une traînée de poudre… et une ambiance électrique n'a jamais donné de bons résultats pour la confiance en soi ! Pour enrayer ce phénomène, pratiquez régulièrement des exercices de respiration ! Grâce à eux, vous serez plus relâché au quotidien et plus disponible pour votre tribu, qui à son tour prendra exemple sur vous.

En pratique

→ 1re semaine

Comptez mentalement vos inspirations et vos expirations. Commencez par 2 minutes le matin en arrivant au travail ou dans les transports, puis 2 minutes avant de repartir.

→ 2e semaine

Inspirez naturellement, puis bloquez 1 ou 2 secondes avant d'expirer profondément, 3 minutes le matin et 3 minutes avant de repartir du travail.

→ 3e semaine

Portez votre attention sur l'un de vos espaces de respiration : les épaules, le dos, le bas du ventre, les omoplates, le ventre… 4 minutes le matin et 3 minutes avant de repartir du travail.

Exit les pensées parasites…
Si vous avez parfois des pensées parasites pendant vos exercices de respiration, c'est tout à fait normal : il vous suffit d'en prendre conscience et de ramener délicatement votre attention avec vous et avec votre corps qui respire. Dégagées, les pensées négatives !

→ 4e semaine

Vous connaissez maintenant le temps qui vous correspond le mieux : 2 minutes ? 3 minutes ? 4 minutes ? Vous connaissez aussi la respiration que vous aimez le plus. Champion de l'équilibre au quotidien, bravo ! Vous pouvez désormais ajouter ces précieuses petites minutes le midi.

Le bonus : munissez-vous d'une application timer avec une jolie mélodie ou d'une application « gong » sur Smartphone.

Coup de cœur appli

RespiRelax est une application gratuite où il suffit de suivre une petite bulle qui monte et qui descend. Des réglages pour la durée des séances, celle de l'inspiration et celle de l'expiration permettent de varier et de trouver un rythme. Pensez à instaurer cet exercice de respiration comme un rituel à des moments précis de la journée ou du week-end.

10 nouvelles habitudes à prendre

Vous avez parfois l'impression de vous transformer en machine ultraperformante de gestion quand vous rentrez à la maison après une journée (trop) chargée ? Pour éviter de transmettre votre stress à vos proches, mais aussi pour reprendre un peu de sérénité et de confiance en vous, prenez 10 nouvelles habitudes qui seront profitables à tous… et surtout à vous !

1. Dites régulièrement « je t'aime » à vos proches ; si vous n'êtes pas familier du mot, pas de problème : un câlin, un geste tendre ou encore un large sourire font tout autant de bien !
2. Dites ce que vous attendez de votre enfant à la place de ce que vous ne voulez pas qu'il fasse.
3. Proposez des choix plutôt que d'émettre des directives, pour que tout le monde puisse se sentir écouté et compris.
4. Montrez comment faire et demandez de reproduire plutôt que de vous énerver quand quelque chose n'est pas fait comme vous le vouliez.
5. Rappelez-vous régulièrement vos réussites, puis tournez votre attention sur ce qu'il vous reste à accomplir pour devenir meilleur.
6. Établissez et affichez les règles de vie que vous souhaitez voir respectées dans votre maison.
7. Notez des consignes sur des Post-it : « Bonjour ! je suis ta brosse à dents et j'aime être dans mon

gobelet quand tu as fini. » Mieux, si vous avez des talents en dessin, dessinez ces petites consignes.

8. Demandez l'aide de votre conjoint dès que vous vous sentez dépassé par une situation.
9. Remerciez vos proches quand ils effectuent une action pour le bien-être de tous : mettre la table, ranger le salon, plier les serviettes…
10. Écoutez d'abord votre enfant (sans le juger) avant de lui parler ou de l'interrompre.

Les mouvements oculaires pour s'aimer plus

Les mouvements oculaires permettent une relaxation naturelle et rapide du cerveau, et aident à se détendre en cas de stress. En les associant à des affirmations positives, ils permettent d'accéder à des ressources conscientes ou inconscientes, et impriment de nouvelles connexions neuronales. De quoi favoriser les émotions positives et voir le verre à moitié plein !

En pratique : quand vous êtes stressé ou que vous avez trop de pensées négatives et de tensions, évaluez sur une échelle de 1 à 10 l'intensité de votre ressenti (10 étant le plus fort en intensité).

Respirez profondément en reprenant les mouvements ci-dessous (entre 5 et 10 fois pour chacun) et revérifiez votre échelle. A-t-elle diminué ? Recommencez jusqu'à sentir de l'apaisement et finissez en choisissant une belle affirmation, par exemple : « Je suis serein et disponible », « Je m'aime et je me sens aimé »…

Suivez votre doigt :
- de gauche à droite ;
- en diagonale (de droite à gauche et de gauche à droite) ;
- un 8 horizontal (en commençant par le centre et en finissant par le centre) ;
- sur un 8 vertical (en commençant par le centre et toujours en remontant en premier).

Attention : les mouvements sont à faire lentement et sans bouger la tête ; seuls les yeux bougent !

Help !
Si vous avez vécu ou si vous vivez des choses difficiles, n'hésitez pas à faire appel à un professionnel pour vous alléger de ce fardeau, qui finit par être lourd au quotidien. En plus de vous libérer, vous libérez automatiquement vos enfants des émotions accumulées…

6 commandements pour voir la vie en rose

Un parent bienveillant, c'est un parent qui sait cadrer le quotidien de son enfant tout en ajoutant une bonne dose d'écoute et de respect dans ses échanges avec lui. Pour travailler votre positive attitude et donner l'exemple à votre bambin, gardez en tête ces 6 commandements pour voir la vie en rose.

1. Accueillir ce qui se passe et écouter jusqu'au bout les situations, même quand elles ne vont pas dans le sens que vous souhaiteriez.
2. Laisser de côté votre façon de voir la vie pour s'ouvrir à celle de votre enfant.
3. Faire attention à ses interprétations et à ses jugements hâtifs.
4. Réfléchir sur les idées éducatives héritées de vos propres parents : celles que vous choisissez de garder, celles que vous recyclez…
5. Éliminer les dogmes d'un autre âge dans lesquels l'enfant est un être à dresser, à remettre dans le droit chemin.
6. Bannir les critiques, les sarcasmes, et rester ouvert et… positif !

Chapitre 4

Les rituels de la confiance en soi

De l'importance des rituels…

Plus le quotidien de votre enfant est ponctué par des routines, plus il se sent en sécurité. En effet, les routines sont presque toujours rythmées dans le même ordre. Elles offrent à votre bambin un cadre dans lequel il peut grandir et évoluer sereinement. En effet, le respect des horaires et l'enchaînement habituel des activités lui permettent de se situer dans le temps et de prévoir la suite des événements sans se stresser ! Mais ce n'est pas tout : ce sont les habitudes qui bâtissent son autonomie et ses nouvelles habilités, car, au travers de son programme quotidien, il maîtrise de plus en plus de gestes techniques (comme se brosser les cheveux, mettre tout seul son pyjama, se brosser les dents…) et il se sent libre de prendre des initiatives. Confiance en soi assurée !

Rituel confiance… du matin !

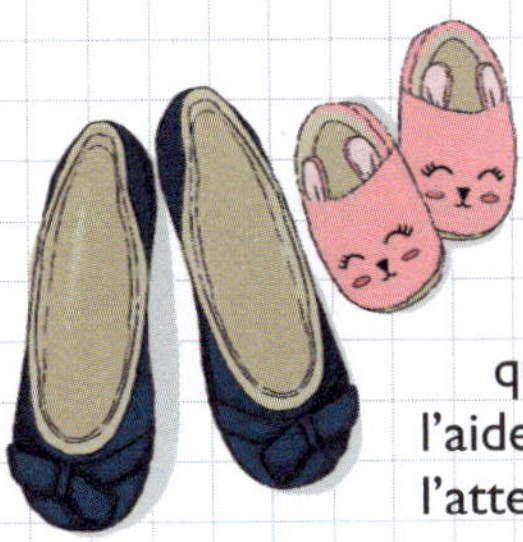

Commencer sa journée en se levant du bon pied, c'est le top, non ? Votre petite marmotte est tout aussi sensible que vous au bon démarrage de sa journée, et son réveil requiert une routine adaptée pour que tout se passe dans les meilleures conditions. En effet, l'ambiance que vous allez instaurer en ce début de matinée est déterminante pour l'aider à prendre confiance et à se sentir prêt à affronter les aventures qui l'attendent. Découvrez les rituels essentiels pour un réveil de qualité !

Avant le rituel : je me lève du bon pied…

Si l'humeur de votre enfant au réveil ne dépend pas forcément de vous, la vôtre va considérablement influencer son état d'esprit pour la journée… Pour éviter le stress, estimez la veille le temps dont il a besoin pour bien se préparer entre son réveil et son départ de la maison, et préparez ensemble ses petites affaires (cartables, affaires de sport, vêtements du jour…).

Pour être bien à l'aise dans vos chaussons (et votre peignoir en pilou-pilou), assurez-vous de ces quelques points qui vous concernent avant de le réveiller…

→ Il est probablement inutile de le rappeler, mais un bon quota de sommeil instille une belle humeur et de la sérénité pour tous. Un adulte a besoin de 6 à 8 heures de sommeil par nuit pour être au top de sa forme pendant la journée ! C'est peut-être le moment de revoir l'ambiance ou la déco de votre chambre pour qu'elle soit un havre de paix.

→ N'hésitez pas à définir vos besoins en termes de timing pour vous préparer sereinement avant que votre petit tourbillon ne se réveille. Être entièrement dispo pour son enfant va réduire considérablement les éventuelles tensions et sources de stress.

→ Vos préoccupations concernant votre temps de transport pour vous rendre au travail ou emmener votre enfant à l'école ne le concernent pas. Il est préférable de ne pas lui imposer le stress des grands. À bannir, donc, les « dépêche-toi » ou « je vais être en retard à cause de toi »…

→ Faites le point sur votre envie de petit-déjeuner seul ou avec votre petit… Prendre du temps pour soi est essentiel pour trouver de l'énergie pour affronter la journée, et déguster une tartine avec son petit permet de renforcer la complicité ! Respectez vos besoins pour plus de sérénité !

De l'importance d'être dispo
Être entièrement dégagé de toutes obligations évite la sensation d'être préoccupé par autre chose et, au final, d'être facilement agacé par votre enfant qui a besoin de vous. Cette disponibilité et cette présence mettent de la douceur dans vos paroles, vos gestes et votre compréhension…

… et je crée une ambiance douce pour son réveil

Quelques astuces et un peu d'espièglerie en famille, voilà qui évite d'avoir l'humeur d'un gorille dès le matin.

→ Ouvrir les volets d'un coup n'a jamais été un réveil délicat pour un enfant. Ses yeux ont besoin de s'habituer progressivement à la lumière du jour après une nuit dans le noir ou la pénombre. Augmentez progressivement la luminosité et ouvrez les volets doucement.

→ Lancez une musique douce ou joyeuse dans sa chambre pour le réveiller. La musique adoucit les mœurs et agit sur l'humeur, alors autant s'en servir pour insuffler une belle ambiance intérieure !

→ Laissez-lui du temps pour se réveiller. Sentir qu'il y a urgence à sortir du lit n'a jamais été le meilleur moyen pour commencer sa journée avec le sourire ! Attention tout de même à ne pas le laisser se rendormir trop longtemps pour éviter la panique du dernier moment…

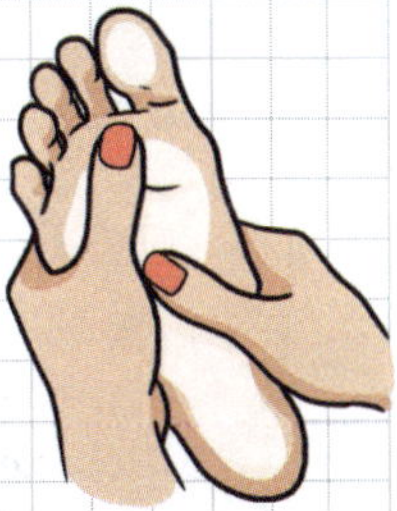

→ Commencez des petits massages de ses pieds pour qu'il retrouve le contact avec son corps et sorte doucement du sommeil. La variante ? Des petites chatouilles pour un réveil rigolo et énergisant en douceur. C'est un moment joyeux et complice pour démarrer la journée.

→ Apprenez-lui à bien s'étirer avant de se lever. Son corps a besoin de cette douceur, de ce temps pour se remettre en mouvement et pour retrouver sa mobilité (vous aussi, d'ailleurs !). S'étirer, c'est comme bâiller, ça permet de dénouer les tensions et d'oxygéner les muscles et tout le corps. Ensemble, respirez profondément, bougez les orteils, étirez vos jambes, sentez votre colonne et votre ventre s'étirer, grandir… Étirez les bras vers le haut, étirez même vos doigts jusqu'au bout des doigts.

Petit déj' au lit…
Une ou deux fois par semaine, par exemple, quand le réveil est plus difficile (qui a envie de sortir de son lit en plein hiver pour aller travailler ou aller à l'école ?), préparez un petit déjeuner au lit. Votre enfant se sentira respecté dans son rythme, compris et cocooné. Effet positif garanti !

Ses 3 exercices pour bien démarrer la journée

Avant de vous lancer…

Commencez progressivement les exercices en vous adaptant au rythme de votre enfant. Il est inutile de vouloir les pratiquer tous d'un seul coup ! En y allant pas à pas, votre enfant s'appropriera d'autant plus facilement les gestes et les postures.
Votre enfant adoptera les exercices très rapidement… ou pas ! Certains jours, tout comme vous, il n'aura pas envie. **Respectez son besoin de changer de rythme** et revenez-y le lendemain.
Il ne peut pas aimer tous les exercices que vous lui proposerez… En fonction de sa personnalité et de sa sensibilité, il montrera petit à petit ses favoris. Laissez-lui le temps de faire ses propres choix !

Il faut vous faire confiance en premier ! Bien sûr, au début, vous allez tâtonner, mais votre petit ne le verra pas, rassurez-vous ! Pour vous donner confiance, vous pouvez lire les exercices proposés à haute voix. Vous finirez par les intégrer petit à petit, et cela sera comme un jeu d'enfant de vous lancer !
Il faut aussi faire confiance à votre enfant ! Pour qu'il s'approprie les exercices, l'important n'est pas comment il les fait, mais surtout le plaisir qu'il en retire dans l'instant et comment il se sent ensuite.

1. L'énergie du soleil, pour le remplir d'énergie au réveil

Temps ? 5 minutes.

Quand ? Après s'être levé de son lit ! Efficace également contre les coups de mou.

Bénéfices ? S'il est question de stabilité et d'équilibre, cet exercice de sophro aidera votre enfant à bien différencier son côté droit de son côté gauche, et favorisera l'apprentissage de l'écriture. Il apporte également une meilleure sensation des limites de son corps en dosant l'étirement, qui ne doit pas faire mal ou le mettre en déséquilibre.

Comment ?

1. Debout, les deux pieds bien stables sur le sol, demandez-lui de respirer amplement comme pour aérer sa maison, puis proposez-lui de relâcher ses mâchoires en desserrant les dents, puis les épaules, les fesses et enfin les genoux. Dites-lui d'imaginer au-dessus de sa tête un immense soleil rempli d'énergie.

2. En mettant tout le poids de son corps sur une jambe, celle qu'il choisit en premier (comme si son pied s'enfonçait dans le sol), il étire tout l'autre côté de son corps, du bas vers le haut comme pour aller toucher le soleil ou attraper un rayon. Ensuite, il relâche le bras en ramenant un bout de soleil avec lui. Pareil avec l'autre côté.

3. Enfin, en gardant ses deux pieds bien stables, il étire maintenant tout son corps en levant les deux bras vers le haut pour aller toucher ce soleil ou ramener un peu de son énergie. Quelle est son énergie maintenant ? Jaune comme le soleil, réchauffante, dynamique ?

Le + : vous pouvez aussi lui demander de décrocher la lune, de cueillir des étoiles, de toucher le ciel…

Carpe diem
Prenez le temps d'observer ce qui réjouit votre enfant pour mieux comprendre son univers. Et vous, en tant que parent et en tant qu'adulte, qu'est-ce qui vous réjouit et vous nourrit au quotidien ? Faites le tour de vos petits et grands émerveillements pour apprécier le moment présent !

2. La spirale, pour bien se positionner dans l'espace

Temps ? 6 minutes.

Quand ? Après le petit déjeuner… ou juste pour s'amuser.

Bénéfices ? Percevoir l'espace autour de soi et savourer sa mobilité, cela favorise un meilleur positionnement du corps. Ressentir de la souplesse et de la liberté au niveau des muscles et des mouvements réveille le sentiment de se sentir à la fois bien planté dans le sol et serein. Cette sensation favorise la confiance en soi de votre bambin.

Comment ?

1. Tous les deux debout, commencez par détendre ce qu'il y a de noué dans vos corps en soufflant plusieurs fois. Prenez le temps de sentir vos pieds bien stables sur le sol.

2. En respirant librement, laissez vos bras vous entraîner dans un mouvement de rotation, comme si tout le corps tournait autour des pieds. Attention, il faut de l'espace autour de vous !

3. Laissez vos bras vous entraîner dans ce mouvement autant de temps que vous le souhaitez, puis réduisez petit à petit la rotation pour enfin vous stabiliser.
4. Vous pouvez refaire deux ou trois fois la spirale avant de vous asseoir ou de vous allonger pour détendre votre corps, vivre de belles respirations, observer et décrire simplement vos sentiments à tous deux. Comment vous sentez-vous ? Qu'est-ce que l'exercice vous a apporté en termes de sensations, d'images, de couleurs, d'énergie ?

Le + : pendant l'exercice, pensez à une qualité ou à une force que vous apporte cette spirale : joie, liberté, confiance… Cette sensation de tourner que les enfants aiment tellement procure beaucoup de joie et un grand sentiment de liberté. Ils l'adorent !

3. L'écureuil, pour partir confiant à l'école

Temps de l'exercice ? 6 minutes.

Quand ? Avant de partir à l'école, mais aussi à tout moment de la journée, en toute discrétion, pour faire le plein de confiance en soi.

Bénéfices ? C'est bien connu, l'écureuil fait des petites réserves de noisettes par temps froid ! Si votre bambin n'a évidemment pas besoin de faire des stocks d'oléagineux dans ses bajoues (quoique… ça pourrait être drôle !), il peut tout de même faire des stocks de confiance en lui… Son corps s'en servira et s'en nourrira tout au long de la journée, en gardant dans ses petites cellules l'ensemble des qualités auxquelles il aspire !

Comment ?

1. Proposez-lui de porter son attention sur son corps ou sur sa position dans l'espace.
2. À chaque expiration, demandez-lui de projeter mentalement, à l'intérieur de son corps, des images, des choses qui lui sont agréables : il peut ainsi imaginer de l'eau fraîche et pétillante, de la poussière d'étoiles, du miel doré comme un baume, un mot doux… ou tout simplement le mot confiance !

Le + : si votre petit s'amuse à ressentir ou à voir son corps rempli de couleur, de lumière ou d'une phrase magique, encouragez-le à décrire ces belles sensations ! C'est un véritable bienfait pour se sentir fort et tranquille à l'intérieur.

Et *bis repetita*…
Votre petit bout vous demande toujours les mêmes exercices ? En sophrologie, on dit que la répétition fait l'intégration ! C'est normal et bon pour lui de répéter plusieurs fois des mouvements. Il en a besoin pour faire de nouvelles connexions neuronales et pour développer sa compréhension du monde, mais aussi pour aller de l'avant. Répéter les choses, c'est les intégrer et se rassurer.

Focus sur les bienfaits de la sophrologie !

Régulièrement dans ce cahier, vous verrez des petits exercices de sophrologie. À quoi servent-ils réellement ? Ils permettent d'avoir l'esprit serein, une meilleure conscience de son corps et de sa respiration. Bien entendu, ils ne remplacent pas un traitement, mais ils contribuent à une meilleure santé en boostant la confiance en soi.

Plus précisément, la sophrologie favorise les connexions entre neurones, comme des petites lumières qui s'allument, agissant positivement sur la mémoire, sur la concentration et sur le bien-être physique et émotionnel. Cette pratique vise à supprimer ou à atténuer le stress et l'anxiété, et donne un esprit plus clair et une capacité plus grande à vivre sereinement les situations du quotidien.

Et les enfants ? Ils adorent ces petits exercices, car ils sont plaisants et rigolos. En leur proposant de les pratiquer à la maison, au calme, non seulement vous favorisez un climat de complicité, mais vous leur offrez les ressources nécessaires pour se rassurer seuls en cas de tempête intérieure. Ils peuvent ainsi utiliser la sophrologie chez les copains, au centre de loisirs, à l'école… Conséquence : un bambin qui travaille son équilibre trouve en lui de nouvelles ressources pour être plus zen et plus confiant !

Rituel confiance… au retour de l'école !

Après avoir passé sa journée assis derrière son bureau d'écolier, votre bambin ressemble (parfois) à s'y méprendre à un tigre en cage ! Et c'est normal : une fois de retour à la maison, un rythme intense se met en place pour toute votre petite tribu : le goûter, les jeux, la préparation du repas, le rangement, le bain, les histoires du soir… Au milieu de ce grand brouhaha apparaissent souvent tensions et énervements. Aussi, pour éviter les prises de tête et autres conflits, voici quelques rituels de confiance indispensables à mettre en place !

Je me déconnecte en sortant du boulot…

Pendant les transports ou les courses, je me déconnecte de mon téléphone et je me connecte à tout ce qui a été positif durant ma journée. Je respire profondément ces petits bonheurs pour retrouver de la paix intérieure.

Je vérifie si mes dents sont serrées, mes épaules remontées, mes fessiers verrouillés, et je relâche si c'est le cas.

Je cultive l'ici et maintenant, et je ne laisse pas mes pensées m'entraîner dans le passé, ni mes préoccupations, dans l'avenir. Je respire profondément et je me concentre sur le mouvement de ma respiration.

Je profite de la queue au supermarché pour respirer ou me visualiser en train de danser, de courir, de faire du vélo ou encore mon sport préféré… J'imprime profondément ces sentiments de liberté en moi.

… et je fais le point sur mes vrais besoins !

Je m'accorde une vraie pause : 10 minutes suffisent parfois pour lire, prendre un bain, boire un thé en respirant profondément ses douces senteurs avant de le boire. Ces 10 minutes de pause bien méritée se font sans téléphone, sans mails. Elles permettent de porter l'attention sur soi et ses sensations.

Chacun dans sa bulle

Créez un petit badge, ou demandez à votre enfant de le faire, portant les mots « Temps pour moi », « Ne pas déranger », « Temps de silence »… Ce temps correspond à 10 minutes de break, comme un sas de décompression entre le travail et la maison. En l'arborant, chacun sait qu'il doit respecter ce temps pour l'autre sans le déranger ou l'interrompre.

Je me pose la question : « De quoi ai-je besoin en ce moment ou bien ce soir ? » Cette petite interrogation permet de reconnaître et de formuler mes besoins, et ainsi les autres membres de la famille pourront mieux y répondre.

Je me reconnecte à mon âme d'enfant : ne pas se prendre au sérieux, voir les choses de façon plus légère et ludique, transformer la réalité en jeu. C'est une capacité et, comme toute capacité, elle se développe. C'est un sentiment merveilleux, qui permet d'être connecté au présent et non à ses préoccupations.

En cas de turbulences…

Souvent, en fin de journée, tout le monde est sur les nerfs et l'ambiance dérape. Résultat : vous avez le sentiment d'être surchargé et tout le monde trépigne ! L'astuce pour conserver votre calme ? Prendre de grandes respirations successives, puis observer vos émotions redescendre en douceur. Cela permet notamment de réduire l'importance que vous avez mise dans cette situation désagréable.

En pratique : à faire tous les jours, et plusieurs fois par jour quand la météo est agitée.
→ Inspirez.
→ Bloquez la respiration 2 ou 3 secondes.
→ Soufflez l'air doucement, comme dans une paille, pour vider vos poumons.

Keep cool !
Chacun a le droit à une bulle permettant de prendre de la distance. Vous avez toujours la possibilité de différer votre réponse et de prendre un temps pour vous. Un enfant entend très bien quand on lui dit : « Écoute, j'ai besoin de quelques minutes pour être avec toi, pour te répondre, pour être présent pour toi. » Tenez cette promesse, bien entendu ! C'est cela aussi, être présent à soi et à l'autre...

Ses 3 exercices pour se détendre en fin de journée

1. Le dépoussiérage, pour alléger les tensions

Temps ? 6 minutes.

Quand ? Au retour de l'école, une fois arrivé à la maison ou quand les tensions s'accumulent.

Bénéfices ? Le dépoussiérage permet de supprimer les agacements, les énervements, de débarrasser symboliquement votre enfant des petits tracas de sa journée. Le dépoussiérage limite également les pensées négatives, en revenant au corps.

Comment ?

1. Debout, faites ensemble 3 grandes respirations bien amples. Desserrez les dents, relâchez les épaules et les fesses. Si vous le souhaitez, fléchissez très légèrement les genoux.

Le saviez-vous ?
C'est grâce à l'oxygénation du cerveau et à la posture du corps, plus ouverte et redressée, que les exercices de sophro amènent confiance en soi et en ses capacités pour vos petits !

2. De la tête aux pieds, avec les mains, faites comme si vous balayez toutes les poussières de la journée, le stress, ce qui vous encombre la tête et qui est présent dans votre corps.
3. Prenez ensuite le temps de vous asseoir ou de vous allonger, et respirez tranquillement et profondément.

Le + : après l'exercice, répétez tous deux dans votre tête un mot inspirant le calme ou laissez venir une image apaisante : un câlin avec le chat, l'image d'un lac, un grand ciel bleu…

La variante ? Essayez aussi le « savonnage » ! Il est bon de se laver des tracas, du stress, des agacements en imaginant que vos mains sont comme un gant de toilette magique.

2. La grimace du corps, pour évacuer le trop-plein

Le temps ? 5 minutes.

Quand ? Avant le goûter, mais aussi le soir, pour mieux s'endormir.

Bénéfices ? Outre le fait de permettre à votre bambin de se recentrer ou de se calmer quand les tempêtes internes l'assaillent, cet exercice apporte une meilleure perception du corps et participe à une bonne coordination. Le temps de l'expiration après la grimace apaise, équilibre, permet d'évacuer le trop-plein.

Comment ?

1. Le mieux est de faire cet exercice allongé. Avec l'habitude, il peut être fait assis, et même debout ! Après vous être installés confortablement en position allongée, bras le long du corps, inspirez, puis tendez tous les muscles du corps en conservant l'air dans les poumons : un peu comme une grimace du visage, les poings et les fessiers se serrent, et les orteils se recroquevillent.
2. Ensuite, soufflez plusieurs fois très fort en relâchant les muscles.
3. À faire au moins trois fois, en savourant la détente du corps à chaque expiration. Restez quelques instants attentifs aux sensations dans votre corps : plus léger, plus lourd, avec des picotements, de la chaleur… et veillez à rendre vos expirations plus longues.

Le + : avant de reprendre le cours de vos activités, trouvez une phrase magique à répéter plusieurs fois mentalement et en expirant, comme si elle se diffusait dans le corps.

La variante ? Si cela est difficile pour votre petit de tendre ses muscles, il est possible, après l'inspiration, d'étirer tout son corps, puis de relâcher en soufflant fort plusieurs fois.

Trop, c'est trop !
Attention à ne pas surcharger vos enfants d'activités extra-scolaires : ils ont besoin de temps pour rester à la maison et buller. Buller, c'est aussi avoir la possibilité d'intégrer toutes sortes d'informations !

3. Relâcher la tête, pour se concentrer

Temps ? 5 minutes.

Quand ? Avant et pendant les devoirs.

Bénéfices ? Quand votre bambin est devant ses devoirs et qu'il n'arrive plus à se concentrer, c'est le moment de faire une pause ! Cet exercice est reposant et très relaxant. Les enfants accumulent beaucoup de choses mentalement et doivent intégrer une masse d'informations au cours de leur journée. Détente et recentrage sont les bienvenus avec cet exercice de sophro !

Comment ?

1. Demandez-lui de poser ses coudes sur son bureau ou sur une table pendant quelques instants afin qu'il puisse masser sa nuque.
2. Les épaules relâchées vers le bas, proposez-lui de respirer profondément quelques instants. Ces respirations lui permettent de se détendre, mais aussi de redonner un air neuf à tout son petit corps.
3. En respirant tranquillement et le plus lentement possible, dites-lui de tourner la tête à droite, puis à gauche, comme pour dire non ; très lentement, plusieurs fois.
4. Puis, comme pour dire oui, demandez-lui de basculer (toujours très lentement, à la vitesse d'un escargot) la tête vers l'avant, puis vers l'arrière. Plusieurs fois aussi.

Lâchez prise !
Le relâchement que cet exercice procure pour la nuque et les épaules (parfois très tendues) est bénéfique pour les enfants qui portent souvent un sac bien trop lourd, rempli de cahiers et de livres.

Le + : la clé de cet exercice réside dans le fait d'aller le plus lentement possible et de porter son attention sur les parties du cou qui s'étirent. Terminez en revenant tête au centre, puis demandez à votre enfant d'observer les petites sensations dans son cou et sa nuque, et dites-lui de relâcher un peu plus ses épaules en expirant.

La variante ? Demandez-lui de tourner sa tête comme pour faire un rond, toujours à la vitesse de l'escargot, plusieurs fois dans un sens et plusieurs fois dans l'autre.

Rituel confiance... du soir !

L'éducation au sommeil devrait se nommer « éducation au bonheur de dormir », « éducation au plaisir d'aller se coucher » ! Après une belle nuit, quoi de mieux que d'ouvrir les yeux dans la douceur pour passer une belle journée ? Mais retrouver ce nid douillet n'est pas toujours facile quand on est un enfant, avec toutes les tentations autour de soi : livres, dessins animés, jouets… Pourtant, dormir permet aux enfants de se recharger en énergie, les aide à grandir et à se sentir confiants tout au long de leur journée. Découvrez quelques rituels pour aider votre loulou à rejoindre sa couette !

Je me rends (vraiment) dispo...

Si vous êtes en train de faire plusieurs choses à la fois au moment de coucher votre enfant (ranger le linge dans sa chambre, trier les papiers sur votre bureau, finir de lire un article super-intéressant…), votre bambin sera, lui aussi, complètement indifférent à son lit ! En prime, il rallongera le temps pour avoir son quota de présence auprès de vous… Rappelez-vous par conséquent qu'être entièrement disponible au moment de coucher votre petit lui permet de retrouver un peu de calme et lui assure une nuit de qualité. Qui dit mieux ?

Off !
Faites en sorte d'arrêter les écrans au minimum 1 heure avant le coucher. Leur luminosité excite les neurones des plus jeunes, comme ceux des adultes, et empêche de s'apaiser pour un sommeil véritablement reposant.

… et je me mets à son écoute !

Pour être honnête, vous aimeriez bien le soir que votre p'tit bout soit vite couché, vite endormi, pour profiter de votre soirée… Pourtant, c'est rarement le cas ! Un enfant parle assez spontanément le soir, au moment complice du coucher. Prenez le temps de l'écouter, même si cela retarde de 15 minutes son endormissement. Quand un enfant exprime spontanément ce qu'il a sur le cœur, cela lui permet de vider son sac d'émotions et de se sentir compris. Il a confiance en vous !

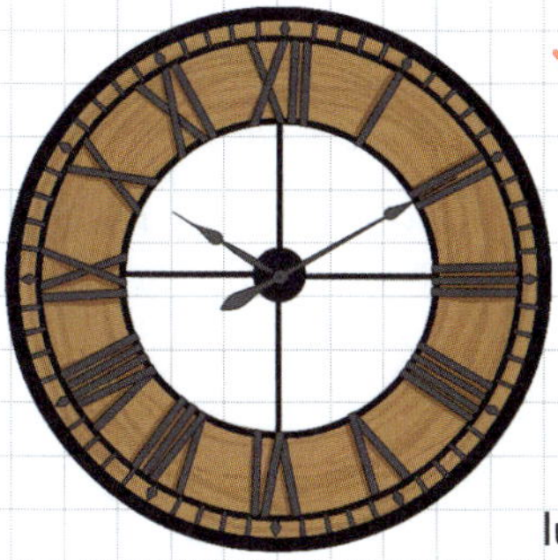

Je cadre les horaires du coucher

Qui dit moment sensible (l'heure du dodo…) dit besoin de repères ! Si la sécurité affective d'un enfant prend ses racines dans un environnement aimant et respectueux, sa sécurité émotionnelle, elle, se base sur la stabilité des horaires. Poser des heures fixes chaque jour au moment d'aller au lit permet à votre enfant d'évoluer en toute confiance. À la clé ? Ce moment de séparation pour rejoindre sa couette sera moins difficile pour lui, car pleinement intégré, et vos soirées ressembleront de moins en moins à *Mission impossible* !

Bonus : le week-end et pendant les vacances, autorisez à votre enfant à veiller un poil plus tard que d'habitude ! Le rythme est plus cool, et le cadre plus souple… Attention tout de même à ne pas dépasser 1 heure (max) de rab !

Et si vous le massiez ?

Une aide précieuse pour l'apaiser

Les bienfaits du massage pour les enfants sont innombrables ! Avouez que vous adorez ça, vous aussi ! Quand il est pratiqué le soir, le massage permet notamment de sécuriser l'enfant avant le sommeil et lui apporte un relâchement musculaire tout en améliorant sa gestion des émotions… Calme et détente profonde assurés ! Mais ce n'est pas tout : le massage prodigué à son enfant consolide le lien d'attachement qui vous lie et développe la complicité et l'écoute de l'autre. Bye-bye les petits conflits du quotidien !

En pratique :

- Avec une huile bio, par exemple d'amande douce ou de calendula, qui est sans danger et sans risque d'allergie, réalisez des petits mouvements circulaires avec la paume de vos mains (que vous aurez pris soin de réchauffer au préalable en les frottant l'une contre l'autre !) sans exercer de pression.
- Commencez sur le dos ou la plante des pieds, ou la paume des mains, et votre enfant vous dira très vite ce qu'il préfère.
- Quand votre enfant est habitué, vous pouvez masser délicatement son crâne, ses épaules, ses bras, son ventre, ses jambes…

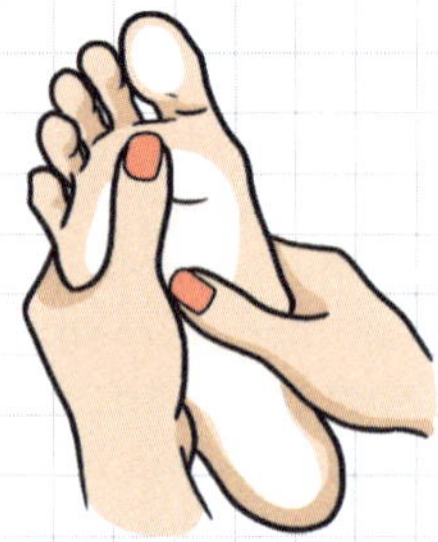

N'hésitez pas à demander à votre enfant quel massage il aimerait aujourd'hui…

Bonus : de nombreux DVD et des livres existent maintenant sur le massage des bébés et des enfants. Il n'y a que l'embarras du choix. Il existe même des ateliers pour apprendre à masser son enfant. Renseignez-vous auprès de votre mairie !

Une équipe… à deux !
Ne prenez pas seul en charge les moments de tension, les moments délicats… Alternez au besoin avec votre binôme (ou, à défaut, avec les grands-parents ou avec vos amis) en vous mettant au préalable d'accord sur les activités à mettre en place et sur votre discours face à l'enfant, notamment en cas de petite crise…

Ses 2 exercices pour trouver le sommeil

Avant les exercices, les 30 minutes à ne pas zapper

Bâillements, yeux dans le vague, humeur grincheuse, énervements, demande du doudou, besoin de proximité et frottement des yeux sont autant de signes annonciateurs de la fatigue de votre petit loup. Repérez à quelle heure apparaissent ces signes sur une ou deux semaines. En fonction de l'horaire repéré, vous saurez qu'il vous faut enclencher les rituels du coucher 30 minutes avant sous peine d'atteindre la zone fatidique d'énervement.

En pratique : 30 minutes pour…

- Mettre son pyjama s'il n'est pas déjà mis.
- Se brosser les dents.
- Faire pipi et se laver les mains.
- Dire bonne nuit à toute la famille.
- Choisir son livre ou son petit exercice.
- S'installer confortablement dans son lit.

Bonus : le son d'un gong (il existe des applis sur les Smartphones) sera très utile pour commencer et finir le rituel du soir. Là aussi, laissez votre enfant choisir le son de gong qu'il préfère.

1. Le matelas magique

Temps ? 10 minutes.

Quand ? La veille d'une rentrée des classes ou d'un événement important ou pour le plaisir.

Bénéfices ? Cet exercice de respiration et de concentration permet d'apaiser l'enfant et de limiter ses pensées négatives… Serein pour s'endormir, votre petit retrouvera toute sa confiance dès le petit matin !

Comment ?

1. Votre enfant est confortablement installé sur le dos dans son lit.
2. Pour commencer, il porte son attention sur l'arrière de sa tête, la partie en contact avec l'oreiller, puis il expire profondément plusieurs fois en gardant son attention sur ce point de contact avec son oreiller. Il déplace son attention et la fixe sur son dos, là où son corps est en contact avec le matelas, puis il expire profondément plusieurs fois.
3. Il fixe désormais son attention sur les parties des bras et des mains qui reposent sur le matelas « magique », puis il expire profondément autant de fois qu'il le souhaite.
4. Il déplace ensuite son attention sur ses fesses et expire plusieurs fois. Il fait de même avec l'arrière de ses jambes, jusqu'aux talons. À chaque fois, il expire et sent son corps s'installer de plus en plus confortablement sur son matelas.

Le + : arrivé aux talons, votre enfant peut continuer l'exercice à l'envers, c'est-à-dire en remontant son attention à l'arrière des jambes, puis aux fesses, aux bras, au dos et à l'arrière de la tête… en n'oubliant pas de bien expirer à chaque fois !

La magie du livre

Qui ne se souvient pas d'avoir été complètement absorbé dans une histoire du soir quand il était petit, bien au chaud dans son lit ? La littérature enfantine est riche de sujets qui touchent votre bambin (petites et grandes étapes de la vie, émotions…). N'hésitez pas à lui lire chaque soir des histoires ou bien mettez-lui à disposition certains livres avec différentes thématiques (le courage, la patience, la jalousie…), qui lui permettront de prendre de la distance. Votre enfant s'identifiera aux personnages, aux situations, et il récupérera des informations utiles pour se construire et avancer.

2. La chasse aux monstres & compagnie

Temps ? 5 minutes.

Quand ? Quand votre enfant évoque sa peur des monstres avant d'aller au lit ou en cas de cauchemar.

Bénéfices : la peur du noir, des monstres et des cauchemars est commune à tous les enfants, qu'ils soient nés en France ou en Asie ! En écoutant votre enfant sur la peur des monstres, en trouvant avec lui des solutions, vous lui permettez de retrouver du pouvoir sur les choses qu'il ne comprend pas.

Comment ?

1. Dites à votre enfant de souffler fort jusqu'à ce que le monstre ou le cauchemar disparaisse, comme s'il soufflait sur une image qui s'éloigne petit à petit…
2. Vérifiez avec lui que le monstre est loin… ou qu'il a bien disparu.

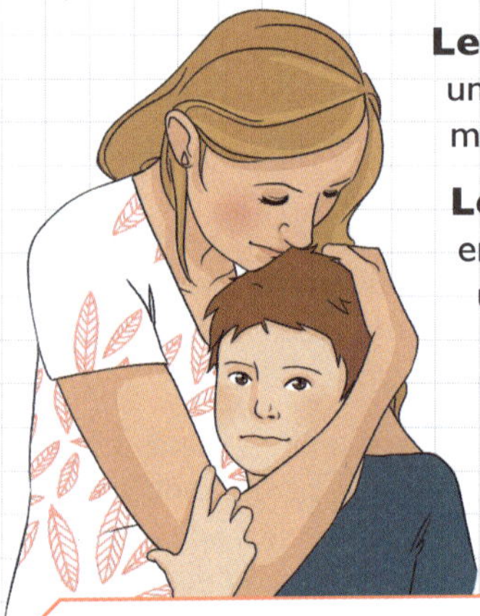

Le + : les câlins et les bras qui rassurent, qui contiennent, sont une arme redoutable contre les monstres ou les cauchemars monstrueux.

Le bonus : en répondant à ce besoin de l'enfant d'être rassuré, en lui accordant ces moments de présence, vous n'en faites pas un être capricieux mais plutôt un enfant qui sait qu'il peut compter sur vous en cas de besoin. Vous cultivez ainsi sa confiance en lui, en l'autre, en la vie.

Focus sur les peurs de l'enfant

Quand votre petit imagine des monstres, ce n'est pas réel pour vous, mais ça l'est pour lui ! Son cerveau n'est pas encore assez mature pour rationaliser, et il l'oblige à déployer des efforts psychiques incroyables.

Refus d'aller au lit, difficultés à se séparer de vous, à s'endormir, mais aussi manque de concentration… autant de conséquences qui délitent sa confiance et nourrissent son anxiété.

Le bon réflexe ? Répondez présent et sécurisez-le au maximum. Imaginez avec lui des mesures anti-monstres : cabane de lit, pshiiit anti-monstres, petites lumières, lampe de poche, changement de position du lit…

Chapitre 5

Les 4 programmes boosters de confiance

Grandir, c'est mettre sa confiance, à l'épreuve, puisqu'on quitte ce que l'on connaît pour aller vers ce que l'on ne connaît pas. Pas facile, tout ça, n'est-ce pas ? Que cela soit visible ou non, le quotidien d'un enfant est rempli de joie, mais aussi de peurs, de questions, de frustrations, voire d'incompréhensions, qui se manifestent souvent par des émotions fortes, comme la colère ou la tristesse. C'est bien normal ! Les enfants ne peuvent pas tout intégrer dès la première fois, ni comprendre comme par magie le monde des adultes…

→ **Que faire en tant que parent ?** Créer des petites bulles de bonheur chaque jour qui renforcent votre relation et permettent de booster un peu plus la confiance de votre petit pour l'aider à grandir et s'épanouir dans ce monde ! Et si vous piochiez un peu dans nos boosters de confiance en soi ?

1. Le booster d'autonomie

Observer votre petit se dépatouiller tout seul, ou presque, et affronter les situations avec panache en faisant appel à l'ensemble de ses compétences, voilà votre vœu de parent le plus cher ! Sachez que son sentiment d'autonomie se déploie pendant toute son enfance et passe par plusieurs phases, plus ou moins marquées. Pour l'aider à développer son besoin de liberté, croyez réellement en lui et entourez-le de votre regard bienveillant et confiant ! Ni une ni deux, piochez dans le booster d'autonomie…

Besoins respectés = enfants sereins
Qu'ils soient grands ou petits, vos enfants ont des besoins pour grandir en équilibre. Que ce soit le besoin de sécurité, le besoin de plaisir, le besoin d'autonomie, le besoin d'exercer ses compétences ou encore celui d'être aimé, tous ces besoins sont reliés les uns aux autres. Respecter les besoins de votre enfant, c'est fabriquer du bonheur et leur donner les clés de la confiance en soi !

Poussez-le à apprendre sans le décourager !

Quand votre petit se lance dans la grande étape de l'acquisition du langage, il est naturellement confronté à des petites difficultés de prononciation… et de syntaxe. Pourtant, il est inutile de corriger ses phrases en disant « Non, on ne dit pas comme ça ! », car il aura tendance à se sentir jugé négativement et n'osera pas recommencer… Perte de confiance et d'autonomie assurée !

En pratique : répétez la phrase correcte sans relever l'erreur de votre bambin ! Par exemple, quand il dit « j'aime les crocrodiles » reprenez d'un ton neutre : « Ah oui ? Tu aimes les crocodiles ? » En le reprenant de cette façon douce, vous lui permettez d'intégrer la formulation juste et d'apprendre dans la bienveillance. Pour autant, faites-lui comprendre que les erreurs font totalement partie de son apprentissage (scolaire, notamment) et que ce n'est pas grave d'en faire ! Petit mantra de vie à garder en tête (même pour vous) : il n'y a pas d'erreurs, il n'y a que des expériences.

Accepter ses refus

Cela peut vous paraître difficile, mais il faut parfois accepter que votre enfant vous dise non et ne soit pas d'accord avec vous. Il s'autonomise pleinement en différenciant ses goûts et ses opinions des vôtres. Cela affine son désir d'expérimenter par lui-même et participe à une meilleure connaissance de lui ! Si vous parvenez à accueillir et à accepter la résistance de votre enfant sans vous braquer, celle-ci finira par lâcher, et un dialogue sain se mettra en place…

Réalisez une liste à compliments…

Ne soyez jamais en rupture de stock de paroles positives pour l'aider à s'autonomiser et à se faire confiance ! L'idée est de réaliser une liste à compliments pour le rendre fier de ses actions, pour lui permettre de faire le point sur ce qu'il connaît déjà et pour lui donner envie de se lancer dans de nouvelles activités, encore plus valorisantes… Avec sa liste sous les yeux, votre bambin sera fier et disposé à se lancer dans de nouveaux challenges !

En pratique

- Je vois que tu fais des progrès en…
- Tu te débrouilles tout seul, tu peux être fier de toi.
- Bravo !
- Je te félicite pour…
- Tu es comme un rayon de soleil quand je te vois.

Et si vous le laissiez… faire seul ?

Quel parent n'a jamais fait quelque chose à la place de son enfant par manque de temps ? Relax ! Arrêtez de regarder votre montre et laissez votre bambin prendre des initiatives pour apprendre à faire plus rapidement. Avec des encouragements, tout est possible pour un enfant !

Féliciter son enfant… avec mesure
Trop de compliments nuisent au compliment ! Catherine Guéguen, pédiatre spécialiste de la bienveillance, explique dans ses ouvrages, en s'appuyant sur de nombreuses études, que les compliments rendent dépendant du jugement des autres et ne conduisent pas à l'autonomie. La confiance et la motivation ne viennent pas de l'enfant lui-même, mais de ce qu'attendent et pensent les autres. Elle conseille plutôt de le féliciter pour ses efforts, ses actes, et non pour ses qualités.

En pratique : 6 pistes d'autonomie à proposer à votre enfant…

- Aller chercher du pain tout seul… pendant que vous restez devant la boulangerie pour garder un œil sur lui, *of course* !
- Ranger les courses dans le panier ou dans le coffre de la voiture.
- Écrire la liste des courses ou la lire au magasin.
- Donner ses croquettes au chat ou au chien.
- Faire un joli bouquet de fleurs pendant une promenade en forêt.
- Planter une plante ou une fleur, et en prendre soin au quotidien pour qu'elle pousse !

Don't panic !
Si un enfant ne réussit pas une tâche ou s'il éprouve des difficultés dans un domaine, cela ne présage en rien de ses futures compétences ! Un enfant évolue en permanence et il progresse à son rythme. Pas de panique si vous le sentez à la peine sur certains apprentissages, il a sûrement développé des aptitudes dans d'autres domaines (sport, lecture, imagination…), et il rattrapera son retard avec votre bienveillance et sans pression !

2. Le booster de complicité

La complicité contribue à enrichir le lien et les relations que vous avez avec votre enfant. Être complice, c'est créer des moments de pur bonheur, où les rires, le jeu et l'amour sont au programme… Votre petit ange sait qu'il est important à vos yeux, et son quota d'amour et de sécurité remonte comme par magie dès que vous passez 10 à 15 minutes de vraie complicité avec lui. C'est d'ailleurs dans ces moments-là que se construisent les plus beaux souvenirs : ceux que l'on peut évoquer avec tendresse et plaisir, et ceux qui deviennent les piliers des futures relations que votre enfant nourrira avec les autres… Le top, non ?

Être complice, c'est…

… passer du faire à l'être ! Non plus vouloir faire faire des choses à son enfant, mais participer avec lui. Cela répare les moments de tension qui peuvent exister dans le quotidien et lui permet de faire le plein de sécurité affective. D'ailleurs, la complicité se travaille au quotidien ! Pour renforcer les liens de confiance avec votre bambin, de nombreuses attentions vous tendent les bras.

En pratique : notez vos moments privilégiés avec votre enfant.

Un temps d'attention à soi et à l'autre, par exemple regarder des photos de famille.

Avoir un petit projet commun, par exemple décider du programme des vacances.

Un stock d'amour, de douceur, de merveilleux, par exemple un petit déj' au lit.

Une bulle d'espièglerie, de rire, par exemple une bataille de polochons.

Les moments où on écoute entièrement, par exemple ses idées les plus rigolotes et improbables !

Se réjouir de tous les petits bonheurs de la vie, par exemple avoir caressé un chat pour la première fois.

Mémo pour les devoirs
Même les moments qui semblent le moins sympathiques peuvent aussi devenir des moments complices ! Par exemple, les devoirs requièrent une bonne dose de complicité pour que votre enfant accepte de se laisser guider sans craindre votre jugement et votre humeur parfois grognon.

Où se cachent les moments complices ?

Ne cherchez plus… ils sont dans la richesse du quotidien ! Le câlin du soir, des jeux de société en famille, un gâteau réalisé ensemble, une séance de chatouilles qui vire au fou rire ou à la bataille de coussins, votre série préférée du moment que vous la regardez ensemble, les petites discussions que vous chuchotez sous la couette, les rêves les plus fous que vous souhaitez réaliser (même s'ils ne sont pas réalisables !), une exposition ou un film que vous allez voir avec joie… Vous en avez déjà trouvé beaucoup d'autres, n'est-ce pas ?

En pratique : transformez les instants anodins en moments de complicité…

Le trajet pour aller à l'école →	Je chante avec lui, on saute à cloche-pied…
La préparation du repas →	Décorer la table, casser les œufs ensemble…
Trier le linge →	Trier par couleur, trouver les paires de chaussettes…
…………………… →	……………………
…………………… →	……………………
…………………… →	……………………
…………………… →	……………………

Restez complices, même dans les moments de crise !

Vous connaissez la spontanéité des enfants : petits, ils ont une facilité inouïe à exprimer ce qui les traverse, quitte à devenir verts de rage ou rouges de colère. Ils peuvent tout à fait dire qu'ils vous détestent et, l'instant d'après, être super-câlins ! Ne leur en voulez pas ! Au contraire, préservez cette spontanéité de l'expression, même si cela n'est pas toujours évident après une longue journée de travail et même si, bien naturellement, vous pouvez être bousculé quand votre petit ange (ou démon) vous déclare la mine renfrognée qu'il ne vous aime plus !

Une seule et même équipe !
Être complice, c'est porter haut les couleurs de l'autre, lui faire la courte échelle et le soutenir face aux petites difficultés. La complicité, c'est aussi ne pas se juger et accepter les différences de l'autre…

En pratique : revenir plus tard sur ce qui s'est passé a l'avantage de faire baisser votre pression et de vous permettre de prendre du recul. En disant que vous avez bien vu qu'il était en colère tout à l'heure et en nommant votre propre ressenti, vous favorisez cette expression naturelle de soi. Cela offre souvent la possibilité d'avoir, avec votre petit, de belles discussions favorisant la complicité. Vous lui indiquez qu'il peut compter sur vous, qu'il peut être pleinement lui, mais aussi que vous l'aimez toujours !

Citation zen…
Si vous restez accroché au passé ou à une situation qui a eu lieu des heures auparavant, vous restez figé et vous bloquez le mouvement pour apaiser une situation tendue. Pour vous détendre et revenir à de meilleurs sentiments, n'hésitez pas à méditer cette petite phrase pleine de bon sens : « Il n'y a pas d'avenir dans le passé ! »

3. Le booster de câlins

Ahhh, le fameux câlin qui sécurise, apaise, contient, renforce l'estime de soi et rend plus vivant, donc plus confiant ! Un câlin, c'est la manifestation que l'autre nous veut du bien, c'est un moyen de dire « je tiens à toi et tu n'es pas seul ». Pas besoin de mots, juste s'arrêter un instant et respirer profondément dans les bras l'un de l'autre. Gardez les bras ouverts, car le câlin n'est pas une récompense, mais une nourriture pour l'esprit et le corps.

Les vertus de la câlinothérapie

Des chercheurs ont découvert une chose merveilleuse : le câlin libère la fabuleuse hormone de l'amour, de l'altruisme et de l'attachement favorisant le lien, à savoir l'ocytocine. Quand cette dernière est sécrétée, un cercle vertueux s'installe et apporte naturellement du bien-être. Avec la production naturelle d'endorphine (l'hormone du plaisir) et la production de sérotonine (l'hormone de l'humeur et de la stabilisation), effet bonne humeur garanti !

No-contact
Votre petit n'est pas vraiment du genre tactile ? Pas de souci, le booster de câlins le concerne aussi, mais avec un poil de distance… Vous pouvez, par exemple, vous asseoir à ses côtés et partager un moment de respiration et de bien-être. Petit + : proposez-lui d'utiliser une plume ou un doudou pour vous chatouiller ou vous faire des petites papouilles en douceur !

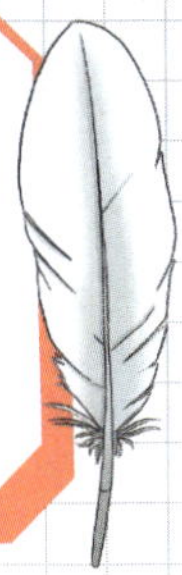

Petite prescription de câlinothérapie…

Posologie

20 minutes, matin, midi et soir, à renouveler à vie et à la demande.

Contre-indications

Aucune.

Effets désirables

Apaisement du cerveau, calme physique, équilibre émotionnel, renforcement du système immunitaire, sensation de bonheur et de sécurité. Attention, le câlin peut dans certains cas amener une joie intense, des bisous et de grands sourires.

Substances actives

Libération importante d'ocytocine, de sérotonine et d'endorphines, hormones de l'amour, du bonheur et de la stabilité.

Précautions particulières

Laisser à la portée des enfants, des parents et des animaux domestiques. Une accoutumance peut se produire avec l'utilisation du câlin.

Surdosage

Il est conseillé vivement de donner des câlins à qui en a besoin en cas de surdose.

Date de péremption

Le câlin ne se périme pas et il se conserve sous tous les climats.

Le saviez-vous ?
Non, un enfant ne deviendra pas capricieux et il ne restera pas collé à ses parents éternellement à cause des câlins, bien au contraire : les câlins renforcent son sentiment de sécurité et l'amènent à plus d'autonomie

4 câlins qui font du bien !

Parce qu'ils font du bien à toute votre petite tribu, n'hésitez pas à pratiquer et à apprécier ces doux moments pour le corps et le cœur, qui apaisent, nourrissent et guérissent. Instaurés comme des petits rituels quotidiens, les câlins libèrent chaque jour cette fabuleuse hormone de l'amour. Découvrez 4 câlins à pratiquer avec votre bambin sans modération !

Le câlin contenant

En cas de fâcherie, de grosse émotion ou pour finir la journée, ce câlin aide à se rassembler psychiquement et à se rassurer. Il permet également de trouver les ressources pour se recentrer et apaiser les tempêtes internes.

Comment s'y prendre ? Le câlin contenant est un moment fort entre vous et votre enfant ! L'objectif ? L'entourer de vos grands bras et accueillir ses émotions. Bonus ? Le câlin contenant est souvent accompagné d'un « je t'aime fort ».

Le câlin silencieux

Quand on ne sait pas quoi dire et qu'on préfère rester tranquille, c'est le câlin idéal ! Que l'on soit petit ou grand, il est parfois bien plus efficace qu'un long discours…

Comment s'y prendre ? On respire ensemble, lentement et profondément, dans les bras l'un de l'autre. Le câlin silencieux nous évite de dire des phrases que nous regretterions l'instant d'après et il permet de désamorcer en douceur les petites crises du quotidien.

Info neurosciences
Si un enfant a été rejeté, humilié ou dévalorisé, ou s'il a subi des violences physiques, l'hormone de l'ocytocine est très peu synthétisée. Ces différentes formes de violences réduisent le nombre de récepteurs de cette hormone et touchent directement la capacité d'une personne à prendre soin de l'autre.
On comprend mieux alors que certains de ces enfants, devenus à leur tour parents, peuvent éprouver plus de difficultés à prendre soin de leur petit et à répondre à leurs besoins, ayant eu eux-mêmes des carences dans la satisfaction de ces derniers.

Le câlin rigolo

De type joyeux, ce câlin finit en chatouilles ou en chahut, et provoque les rires chez vous et votre bambin. Tellement bon pour l'humeur et pour apporter un petit grain de folie dans le quotidien !

Comment s'y prendre ? Si vous sentez votre petit d'humeur taquine (ou si vous l'êtes !), n'hésitez pas à engager un petit câlin rigolo ! Tandis que vous êtes dans les bras l'un de l'autre, racontez-vous des petites histoires amusantes, et terminez par des chatouilles pour vous mettre de bonne humeur !

Le câlin surprise

Bien souvent pris dans le rythme intense du quotidien, les parents oublient parfois que leur bambin a besoin d'instants câlins pour retrouver l'énergie et le sourire ! Un peu comme une parenthèse enchantée, c'est un câlin qui fait du bien à tous, et il n'y a pas forcément besoin d'une raison pour le faire…

Comment s'y prendre ? Et si vous inversiez la vapeur en demandant à votre enfant de vous faire un câlin ? Dites-lui par exemple : « Vite, vite, vite ! J'ai besoin d'un câlin tout de suite, je suis sûr que ça me ferait du bien… » N'hésitez pas non plus à briser certains moments routiniers en prenant subitement votre petit dans les bras pour lui faire un gros bisou !

Proverbe chinois
Sourire trois fois tous les jours rend inutile tout médicament.

4. Le booster de sourires

Un sourire crée… du sourire ! Ce petit mouvement des zygomatiques est contagieux et envoie des messages au cerveau, qui l'interprète comme un signe de joie. La sécrétion des neurotransmetteurs correspondants est assurée ! D'ailleurs, vous l'avez sans doute remarqué, les relations sont, comme par magie, plus faciles pour les personnes souriantes. Le sourire est un autre langage, un moyen de traduire ce qui, en vous, reste muet. Loin d'être un « sous-rire », il ouvre sur de multiples possibles et donne confiance en soi et en la vie. *Cheese* !

Le smile en 5 bénéfices

Loin d'être un simple mouvement du visage, le sourire apporte son lot de bénéfices. Ce n'est pas un hasard si le dalaï-lama *himself* sourit en permanence… De quoi encourager votre petit à l'imiter ! Parmi ses (nombreuses) vertus :

1. renvoi d'une image positive, et même compétente, à votre entourage ;
2. diminution des hormones du stress ;

3. augmentation des hormones améliorant l'humeur et diminuant les troubles cardiaques ;
4. accroissement du degré de satisfaction personnelle ;
5. production d'hormones correspondant au plaisir produit par la dégustation de 2000 barres de chocolat (qui dit mieux ?)...

En pratique : un petit exercice pour garder la banane...

J'inspire, je calme mon corps.
J'expire, je souris.

J'inspire, je me remplis d'une nouvelle énergie.
J'expire, je souris.

J'inspire, je reconnais la merveille de l'instant présent.
J'expire, je souris.

L'info en +
Les sourires des bébés feraient partie d'un mécanisme instinctif de survie chez l'être humain, assurant au tout-petit la sécurité et l'attachement de ses proches puisqu'il plairait automatiquement aux adultes, qui craqueraient (bien évidemment) devant leur charme et leurs jolies risettes !

Le superpouvoir du sourire

Réjouissez-vous : tout le monde possède ce superpouvoir ! Chaque bébé en est pourvu à la naissance (il sourit même dans le ventre de sa maman)... Quand vous souriez à votre enfant, vous tissez des liens de proximité indispensables et il se sent inclus dans une relation sécurisante. Communicatif et authentique, le sourire transmet une sensation de bien-être et permet de sécréter des endorphines qui inondent le cortex d'une douce euphorie. De quoi aller de l'avant, trouver de l'assurance et de la confiance en soi pour partir à la découverte du monde.

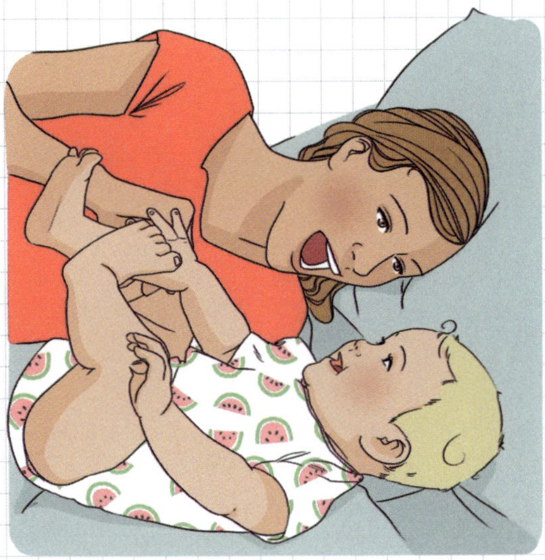

En pratique : quand vous sortez dans la rue avec votre bambin, commencez le jeu du sourire ! Le principe : faire un sourire à quelqu'un entraîne immédiatement un sourire en retour (sauf pour les indécrottables grognons...) ! Amusez-vous ensemble avec ce petit jeu tout simple pour qu'il découvre le super pouvoir du sourire ! Ne prenez pas la mouche si votre petit ne joue pas : il est parfois difficile de sourire à un inconnu quand on a 4 ou 5 ans...

Pour cultiver la banane… et les fous rires !

La vie fourmille de moments magiques pour peu que l'on sache les voir, puis les apprécier : le câlin qui se transforme en séance de chatouilles, un jeu ou une situation qui vire au fou rire, les fêtes de famille, qui permettent de veiller tard, observer le chat et rire de ses bêtises… N'ayez pas peur de ponctuer tous ces moments par la parole : « Qu'est-ce qu'on est bien ! », « Que c'est beau ! », « Que j'apprécie ! », « Que c'est drôle »… Les enfants sont plongés beaucoup trop tôt dans le monde sérieux des adultes, alors laissons-les s'amuser et rêver, et amusons-nous avec eux.

En pratique : régulièrement, organisez en famille des séances de mime ou des one man shows. Amusez-vous également à découper des images dans de vieux magazines, puis, chacun à votre tour, tirez 4 images, présentez-les l'une après l'autre et inventez une histoire pour chacune. Confiance en soi boostée et fous rires assurés !

À vos zygomatiques !
Quinze muscles sont nécessaires pour sourire, alors un peu de gymnastique ! En sophrologie, la pratique du sourire intérieur permet de transformer les sentiments négatifs en énergie positive. Elle entraîne le système nerveux à une relaxation profonde, réduisant le stress et augmentant votre force vitale et votre confiance.

Chapitre 6

Les 3 boîtes à outils anti-baisse de confiance

Maintenant que votre petit a boosté ses zones de confiance, il est beaucoup plus sûr de lui et plus autonome au quotidien ! Cela n'empêche malheureusement pas les petits moments de doute et de remise en question… Parviendra-t-il à réciter sa poésie sans bredouiller devant toute la classe ? Saura-t-il se lancer avec entrain dans l'activité accrobranche du centre de loisirs ? Est-il prêt à affronter la rentrée de classe sans stresser ? Piochez des idées d'activités pour coacher votre bambin à renforcer ses zones de confiance en fonction des phases qu'il traverse : stress, timidité ou petites peurs… Go !

Mon enfant est craintif

Quand on est un enfant, il y a mille et une raisons de ressentir de la peur, et c'est bien normal : le monde extérieur est intense, et la maturité du cerveau, en cours. Il y a bien entendu les peurs du soir (monstre sous le lit, sorcière dans le placard…), mais aussi la peur de se lancer dans une nouvelle activité, de caresser un animal, d'entendre le tonnerre, parfois même l'aspirateur… Résultat ? Votre bambin se jette dans vos bras à la moindre nouveauté considérée comme effrayante ! Puisque chaque enfant est un jour ou l'autre confronté à des craintes, voici un coaching adapté pour lui (re)donner du courage et une bonne dose de confiance !

→ **Le réflexe du parent bienveillant ?** L'aider à surmonter ses peurs en trouvant en lui les ressources nécessaires.

La boîte à outils anti-peur

Les fleurs de Bach pour calmer les angoisses

C'est quoi ? C'est au début du XXe siècle que le docteur Edward Bach partage ses découvertes : des élixirs floraux qui apaisent les états d'esprit négatifs. Il a ainsi mis en lumière 38 fleurs correspondant chacune à un état négatif, comme le manque de confiance ou la peur.

Pour quelle utilisation ? Moyen naturel et inoffensif pour traiter un grand nombre de problèmes physiques et émotionnels chez les nourrissons, les jeunes enfants et les adolescents, ces élixirs sont sans effets secondaires et peuvent être utilisés par tout le monde. Ils peuvent également être utilisés en parallèle à d'autres traitements, sans aucun danger.

Comment ? Les enfants réagissent plus vite aux élixirs que les adultes. En règle générale, il faudrait qu'ils les prennent de façon régulière pendant une période de 2 à 3 semaines. Il peut s'avérer nécessaire de répéter ce cycle avec les mêmes élixirs ou d'en choisir d'autres si le problème ou les symptômes persistent.

Le remède d'urgence : la rentrée, un déménagement, un contrôle ou un examen à passer à l'école, devoir parler en public, un voyage scolaire, un match important, un cauchemar ou des terreurs nocturnes… il y a des moments où votre enfant peut être anxieux et agité. L'élixir Rescue Kids, un mélange de cinq fleurs, soulage rapidement en cas de stress, d'inquiétude ou d'angoisse.

Posologie : à prendre à chaque fois que votre enfant est anxieux à raison de 4 gouttes dans un verre d'eau ou directement sous la langue, avec un maximum de 24 gouttes par jour.

Pratique : il existe un roll-on Urgences à appliquer directement sur la peau ou des pastilles à transporter partout.

L'élixir composé Peurs : pour aider au quotidien en cas de petite peur avant de s'endormir, de terreurs nocturnes et autres craintes de toutes sortes, identifiées ou non !

Posologie : 4 gouttes dans un verre d'eau ou un peu de jus de fruit matin et soir jusqu'à amélioration.

L'élixir composé Confiance : pour aller de l'avant, être plus déterminé et sécurisé, ne pas craindre les résultats et ne pas rester bloqué par ses émotions.
Posologie : 4 gouttes dans un verre d'eau ou un peu de jus de fruit matin et soir jusqu'à amélioration.

Le + : vous pouvez trouver facilement les fleurs de Bach en pharmacie, dans les boutiques bio ou sur Internet.

Pour plus de conseils
Il existe des conseillers pour les élixirs floraux de Bach et des boutiques spécialisées dans toute la France : http://www.lesfleursdebach.com/fr/content/35-nos-boutiques-et-institut.

Le polichinelle, pour décharger les tensions

Temps ? 10 minutes.

Quand ? Quand vous sentez votre enfant sous pression (avant un contrôle, avant un défi sportif, un rendez-vous chez le médecin…).

Bénéfices ? Pour votre petit, il est très compliqué de rester calme quand il ressent du stress, des tensions, de la peur… L'exercice du polichinelle lui permet, en mobilisant le corps entier, de décharger toutes ses appréhensions. C'est un peu le même effet que procure le sport !

Comment ?

1. Votre enfant saute sur place comme un pantin désarticulé.
2. Il laisse aller ses épaules, ses bras, ses jambes et sa tête… Tout son corps doit être mou !
3. Une fois le stress bien évacué, il s'allonge sur le sol, sur des coussins ou sur le lit.
4. Comment se sent-il maintenant ? Demandez-lui quelles sensations le traversent : picotements, cœur qui bat… Il respire profondément et observe que, tout doucement, le calme apparaît.
5. Il s'étire du bout des orteils jusqu'au bout des doigts en affirmant : « Je suis confiant ! »

Le + : votre petit bout peut se concentrer sur le mouvement de sa respiration dans une zone du corps comme le ventre, les côtes ou le nez, ou encore compter son temps d'inspiration et son temps d'expiration. Cette technique lui permet de se relaxer pendant un temps très court.

J'observe avec mes oreilles

Temps ? 15 minutes.

Quand ? Pendant un moment de calme, à la maison.

Bénéfices ? Votre enfant se laisse happer par l'agitation et les bruits extérieurs ? Cet exercice va développer sa capacité naturelle de concentration et d'observation pour rester tranquille intérieurement, même s'il y a de l'agitation autour de lui. Il sera plus confiant et à l'écoute de ses sens.

Comment ?

1. Pour développer son ouïe (comme un chat !), dites à votre enfant de relâcher un peu son corps en expirant plusieurs fois, comme pour évacuer ses tensions vers les pieds. Il peut frotter et masser un peu ses oreilles pour les préparer à écouter.
2. Une fois prêt, il écoute tous les bruits les plus lointains. Jusqu'où entend-il ? Les bruits de la rue ? Un petit oiseau qui chante ?
3. Il ressert son attention sur les bruits situés à côté de lui, les plus proches…

Le + : il peut aussi écouter les bruits intérieurs (sa respiration, comme le bruit de la mer, les battements de son cœur, les grenouilles joyeuses dans son ventre…).

La boîte à tracas

Temps ? 20 minutes.

Quand ? Le week-end, quand vous sentez que votre enfant a vécu de grosses émotions durant sa semaine d'école…

Bénéfices ? La semaine, votre petit (tout comme vous !) accumule petites et grosses peurs. Cet exercice est idéal pour libérer votre enfant de ses peurs paralysantes et polluantes.

Comment ?

1. Commencez, avec votre enfant, par créer la boîte à tracas avec du carton ou une boîte à chaussures, puis décorez-la ensemble avec les matériaux de votre choix : paillettes, vieux magazines, jolis papiers…
2. Installez-vous devant la boîte avec une pile de feuilles de papier, des stylos, des feutres, des crayons.
3. Passez votre semaine en revue, du lundi au vendredi, chacun gribouillant, écrivant et dessinant son ou ses tracas.
4. Ensuite, déchirez, chiffonnez ou piétinez vos papiers respectifs, et mettez-les dans la boîte !

L'œuf ou la bulle ?

Temps ? 5 minutes, au minimum.

Quand ? Dès que votre enfant ressent de la peur quand il n'est pas avec vous.

Bénéfices ? L'exercice apporte confiance et sécurité n'importe quand et n'importe où. Il permet de se rassurer tout seul !

Comment ?

1. Dites à votre enfant d'imaginer un œuf ou une bulle quand il ressent de la peur.
2. Suggérez-lui de penser à cela : « Imagine-toi au cœur d'un bel œuf ou d'une belle bulle. Dans ton œuf ou ta bulle, tu es protégé des énergies négatives ; tu peux voir ton œuf tapissé d'or, de lumière, d'une couleur que tu aimes. La coquille extérieure renvoie les énergies dont tu ne veux pas. Si c'est une bulle, elle peut être colorée, irisée, transparente et lumineuse. Dedans, respire tranquillement, tu es en sécurité. C'est ton œuf ou ta bulle de confiance, que tu pourras retrouver quand tu en auras besoin. Elle sera là à chaque fois que ce sera nécessaire. »

Mon enfant est timide

En ce moment, vous constatez que votre bambin développe des phases de timidité : il rougit dès qu'un inconnu lui parle, se cache derrière vous avant de se rendre au centre de loisirs, bégaie quand il doit parler devant toute sa classe ! Pas de panique, chaque enfant traverse au cours de sa vie des moments plus ou moins accentués de timidité. Par ailleurs, ce trait de caractère survient souvent au moment de l'entrée à l'école maternelle ou primaire, quand votre petit sort du cocon familial. Il a besoin de temps et d'encouragements ! N'oubliez pas : un enfant timide est avant tout un enfant attentif et souvent très observateur, réfléchi, plus sensible, qui développera une grande capacité d'écoute en seconde nature.

Découvrez notre coaching pour l'aider à ne plus craindre le regard des autres et avancer en toute confiance !

→ **Le réflexe du parent bienveillant ?** L'encourager, sans lui mettre la pression, à se lancer dans de nouvelles activités ouvertes sur le monde !

La boîte à outils stop à la timidité

Les haussements d'épaules

Temps ? 5 minutes.

Quand ? Quand votre enfant se fait « tout petit ».

Bénéfices ? Quand il est préoccupé ou anxieux, votre enfant sent son corps se « rétrécir »… En pratiquant les haussements d'épaules, il retrouve de la mobilité, de l'aisance et de l'amplitude. Prêt à soulever des montagnes !

Comment ?

1. Debout et confortable sur ses pieds, votre enfant relâche sa mâchoire, ses épaules, les muscles de ses fesses.
2. Il fait quelques mouvements avec ses épaules, en les faisant tourner. Souplesse et mobilité garantie !
3. Puis, quand il le souhaite, il inspire en remontant ses épaules jusqu'aux oreilles. Quand il souhaite expirer, il souffle fort par la bouche en secouant les épaules vers le bas, les bras souples. À chaque expiration, votre enfant peut visualiser toute sa timidité sortir de son corps.

La variante ? Votre enfant peut secouer ses épaules en retenant l'air dans ses poumons et ainsi expirer fort en dernier, tout en relâchant ses épaules vers la terre.

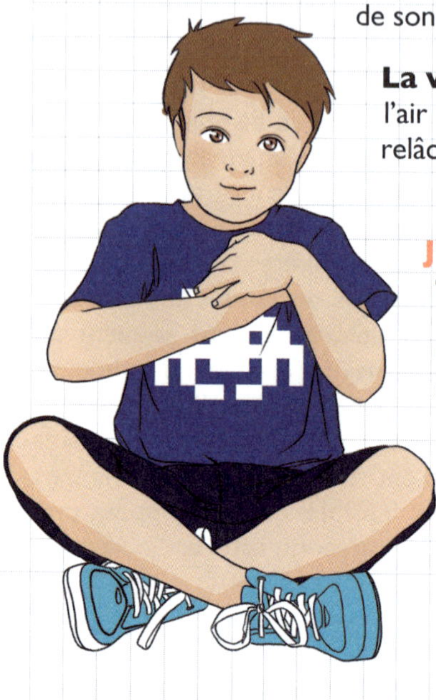

J'aime mon cœur

Temps ? 5 minutes.

Quand ? Quand votre enfant est sensible aux jugements des autres et se compare à eux négativement.

Bénéfices ? Le sentiment de gratitude renforce les liens entre les êtres vivants et diminue les frustrations. Ainsi, les émotions négatives reculent, sont moins présentes et laissent place à plus d'ouverture et d'optimisme. L'activité permet d'être moins sensible au jugement des autres et moins sujet à la comparaison qui diminue l'estime de soi.

Comment ?

1. Assis en tailleur ou debout, paumes des mains posées sur la région du cœur, demandez à votre enfant de glisser son attention juste sous ses mains, quelques minutes, et d'entendre (ou d'imaginer) son petit cœur battre.
2. Il ouvre ses bras en inspirant sur les côtés et, au moment de l'expiration, il revient poser ses mains sur son cœur. En ouvrant ses bras, il peut imaginer qu'il fait grandir tout son amour autour de lui ; en refermant ses bras, il imagine qu'il ramène dans son cœur l'amour des personnes autour de lui, de la nature, des étoiles, de la terre, de l'univers…
3. Il peut prendre le temps de le faire plusieurs fois avant d'imaginer son cœur avec un grand sourire ou de lui dire merci pour tout ce qu'il fait pour lui.

Mille et un mercis
Créez ensemble un petit « cahier des mercis ». Quand votre enfant en ressent l'envie, le soir ou avant de dormir, par exemple, il peut écrire dessus un ou plusieurs mercis. Par exemple : « Merci pour cette belle journée », « Merci pour le beau cadeau que j'ai reçu », « Merci pour le câlin de tout à l'heure », « Merci de m'avoir écouté », « Merci pour le massage », « Merci pour le beau soleil d'aujourd'hui »… Il peut aussi, tout simplement, prendre l'habitude de se le dire à la maison !

Le + : à la fin de l'exercice, votre enfant peut formuler un vœu pour lui, pour quelqu'un ou pour la planète.

L'arbre et la forêt

Temps ? 10 minutes.

Quand ? Avant une activité avec d'autres enfants ou le week end en famille.

Bénéfices ? L'arbre, c'est la représentation symbolique de l'humain stable et tranquille. Faire l'arbre, c'est imaginer avoir de belles racines, un tronc bien fort et de belles branches qui se déploient. C'est se transformer et grandir stable. L'arbre est là, imperturbable malgré la météo : il est bien enraciné malgré le vent et les tempêtes. Confiance en soi reboostée pour affronter sa timidité !

Comment ?

1. Installez-vous avec votre enfant dans des coins différents de la pièce. Pieds nus, c'est mieux ! Chacun de vous réalise quelques respirations amples pour oxygéner au maximum son corps et ramener l'attention sur soi.
2. Pour commencer, votre arbre est une graine et vous êtes accroupi en boule.
3. Tout doucement, les beaux arbres que vous êtes vont grandir et se développer vers le haut. Une fois debout, chacun se sert de son imagination pour laisser venir l'image d'un arbre.
4. Amenez votre attention sur la plante de vos pieds et, à chaque expiration, laissez de belles racines pousser et grandir dans la terre.
5. Vous pouvez ensuite imaginer la sève qui monte depuis vos racines, parcourt le tronc et permet de laisser pousser et grandir les branches de l'arbre. Vos bras peuvent suivre le mouvement des branches qui poussent vers le haut !

Le + : laissez votre enfant imaginer autour les saisons, les oiseaux, les papillons… un arbre, c'est plein de vie !

Petits chefs

Temps ? 30 minutes chaque semaine.

Quand ? Quand votre enfant a le sentiment de ne pas être assez valorisé.

Bénéfices ? En faisant une recette ensemble, vous valorisez votre enfant, et cela lui permet de se sentir grand… et confiant !

Comment ?

1. Dénichez des recettes très faciles que votre enfant adore et qu'il prendra en charge une fois par semaine (sous votre surveillance). C'est lui qui fait le repas et donne les ordres, c'est donc lui le chef !
2. Exemples de recettes faciles (attention à bien rester présent pour vous assurer de sa sécurité et veillez comme d'habitude aux objets tranchants et fragiles) :
   - gratin de pâtes aux légumes ou au jambon ;
   - purée de patates douces et de pommes de terre au comté ;
   - riz et ces petites crudités ;
   - riz cantonnais maison ;
   - omelette.

Aujourd'hui, c'est resto !
Pour lui faire une petite surprise, invitez-le de temps en temps à la maison comme au restaurant ! Réalisez un menu festif et jouez le jeu. À son tour, suggérez-lui de vous inviter « comme au restaurant ». Plaisir garanti !

Mon enfant est stressé

Votre bambin est agité et vous semble préoccupé ? Généralement, on reconnaît un enfant stressé à ses petits tics nerveux (mains et pieds qui gigotent), à une soudaine introversion ou à de l'agressivité, à des grincements de dents la nuit, à des maux de ventre, à des crises d'eczéma ou encore au retour du pipi au lit… Ces moments de stress surviennent notamment avant un examen à l'école, au moment de la rentrée des classes ou bien à l'arrivée d'un petit frère ou d'une petite sœur ! Ils ont un impact sur le cerveau de votre enfant, qui sécrète de l'adrénaline et du cortisol en bien trop grande quantité… Pour que le stress ne s'ancre pas dans son quotidien et devienne chronique, voici un coaching adapté pour détendre et redonner confiance à votre petit. *No stress* !

→ **Le réflexe du parent bienveillant ?**
L'aider à développer des réflexes de sérénité pour avancer dans la vie avec légèreté !

Le stress, un danger pour le corps
Difficile de croire que les épisodes de stress peuvent avoir un impact considérable sur notre santé. Et pourtant ! Les études scientifiques sur le sujet ne cessent d'émerger : s'infliger trop de stress affaiblit l'organisme et engendre des problèmes plus ou moins importants sur le plan médical. Parmi les effets négatifs du stress : difficultés dans les apprentissages, troubles de la mémorisation et de la concentration, troubles digestifs, modification des comportements alimentaires, troubles du sommeil, troubles musculo-squelettiques, maladies cardio-vasculaires, troubles relationnels, fatigue, baisse du système immunitaire, perte de confiance en soi, déprime…

La boîte à outils anti-stress

Le turbo détente

Temps ? 6 minutes.

Quand ? Quand votre enfant a des tensions qu'il ne sait pas expliquer.

Les bénéfices ? Le « turbo détente » va enseigner à votre bambin qu'il a la capacité de se détendre de l'intérieur, de façon très simple et rapide, même en cas de peur irrationnelle. Être en mesure de savoir faire cela permet de se sentir confiant en agissant sur ses tensions aussi bien physiques que psychiques.

Comment ?

1. Installé confortablement dans son lit et en gardant l'attention sur son corps et sa respiration, votre petit expire longuement plusieurs fois pour relâcher les muscles de sa tête, de sa nuque, de ses épaules et de ses bras.
2. Il expire ensuite plusieurs fois pour libérer tout le buste, y compris le dos, jusque dans le ventre.
3. Enfin, une troisième série lui permet de relâcher les jambes et les pieds. Comme si le corps se libérait de ses tensions, vers les pieds et au-delà des pieds, à chaque fois qu'il souffle.

Le + : proposez à votre petit d'imaginer une couleur de détente, un souffle qui balaie, l'eau qui nettoie, des paillettes qui scintillent, de la poussière d'étoiles qui remplace au fur et à mesure les tensions, les stress, les peurs, les colères… tout est bon à prendre pour s'apaiser avant de dormir !

Mémo bonheur
Au moment de dormir, même s'il y a eu des tensions dans la soirée, dites à votre enfant que vous l'aimez, que vous êtes fier d'être son parent, que vous avez plaisir à le voir grandir ou encore que vous avez remarqué qu'il a réussi quelque chose. Il s'endormira avec le sentiment d'être aimé profondément.

Les mots doux

Quand ? Dès que votre enfant se sent stressé.

Bénéfices ? Recevoir par surprise un mot doux des gens que l'on aime permet de se reconnecter au positif et de se dégager de ses pensées stressantes. Retrouver confiance en soi et en les autres, en somme !

Comment ?

1. Réalisez en amont une page avec des étiquettes à découper. Voici quelques propositions…
   - Je pense à toi.
   - Je t'aime.
   - J'ai hâte de te voir ce soir.
   - Je suis heureuse d'être ta maman.
   - Je suis heureux d'être ton papa.
   - J'aime passer du temps avec toi.
2. Glissez-lui ce petit mot doux dans un endroit caché (dans sa trousse, dans une de ses moufles, dans son cartable, sous son oreiller…) pour qu'il puisse se sentir aimé et confiant, où qu'il soit !

Doux !
N'hésitez pas à donner des mots doux à votre enfant au quotidien, et pas uniquement en période de stress… C'est gratuit et ça peut rapporter gros !

Les ballons

Temps ? 5 minutes.

Quand ? Le soir, quand votre enfant vous raconte les moments stressants de sa journée.

Bénéfices ? Cet exercice de visualisation lui permet de lâcher les pressions de sa journée et de faire partir le stress de manière ludique. À la clé ? Un enfant détendu !

Comment ?

1. Votre enfant visualise un ou plusieurs ballons, de belles couleurs, chacun accroché par une ficelle.
2. Dans chacun d'eux, il met un tracas. Il vérifie mentalement que son ballon est bien fermé, avec son tracas dedans.
3. Il imagine ensuite qu'il lâche son ou ses ballons dans l'air, ou qu'il coupe la ficelle avec ses ciseaux magiques.
4. Il souffle, souffle, jusqu'à ce que le ballon disparaisse ou éclate dans le ciel.
5. Demandez-lui comment il se sent maintenant. Son ou ses tracas se sont-ils eux aussi envolés ?

Sur mon ventre, il y a…

Temps ? 5 à 10 minutes.

Quand ? Le matin ou le soir.

Bénéfices ? Quand un enfant est stressé ou agité, lui permettre de prendre conscience de sa respiration ventrale l'aide à mettre de la distance sur les émotions négatives et les petites angoisses… Cet exercice met les ondes cérébrales au repos !

Comment ?

1. Proposez à votre petit de trouver un jeu, l'objet ou la peluche qui lui plaît (attention, ni trop gros ni trop lourd).
2. Votre enfant s'allonge dans une position confortable, pieds au sol et genoux relevés.
3. Il pose l'objet choisi, qui peut aussi être un doudou, sur la zone de son nombril et suit le mouvement que fait cet objet avec sa respiration. Il observe comment ce dernier se soulève

doucement quand il remplit d'air ses poumons et comment il descend quand il vide l'air par la bouche.

4. L'objectif de ce petit jeu est de ne pas faire tomber l'objet et qu'il reste le plus longtemps possible en place !

Des phases communes à tous les enfants…
Tout au long de son enfance, votre petit traversera différentes phases comme celles que nous venons d'évoquer. Autant dire que sa confiance en lui ne sera pas un long fleuve tranquille… et heureusement ! Les petits obstacles auxquels il sera confronté lui permettront de se dépasser et de trouver en lui toujours plus de ressources pour s'améliorer et grandir. Votre mission sera de l'aider à traverser ces petits obstacles en l'aidant à ouvrir sa boîte à outils de la confiance. Soyez-en fier… Vous êtes au top !

L'ostéopathie pour chasser les tensions

L'ostéopathie, c'est quoi ? C'est une médecine manuelle, très douce, qui fait appel à la sagesse du corps, celle qui permet à l'organisme de trouver les ressources nécessaires pour recréer un équilibre et fonctionner de façon optimale. En agissant sur les systèmes articulaires, musculaires et viscéraux, l'ostéopathe nous aide à bien fonctionner et à préserver notre forme et notre mobilité.

L'osthéopathie a un effet bénéfique sur la croissance. Votre enfant grandit et est en perpétuel changement, il a donc besoin de s'ajuster au fur et à mesure de son évolution. Une ou deux visites annuelles chez un ostéopathe ayant l'habitude de travailler avec des enfants l'aideront à débloquer certaines tensions qui s'accumulent et favoriseront une meilleure fluidité de sa mobilité. De quoi bien grandir, à l'aise dans son corps !

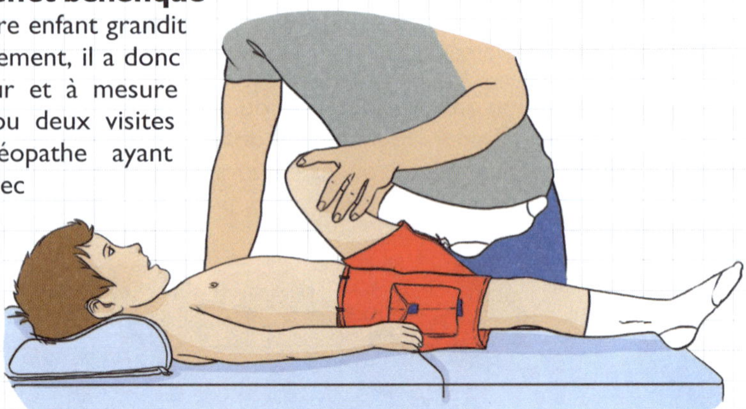

Le + : quand votre enfant présente des troubles du sommeil récurrents, qu'il est sujet à des crises de larmes fréquentes ou quand il porte un appareil dentaire, l'ostéopathie est idéale !

Pour finir...

Je note tous les + que j'ai acquis ou trouvés dans ce cahier...

Je note tous les + que mon enfant a acquis ou trouvés dans ce cahier…

Sources d'inspiration

Les mots de la fin, avant de se quitter, sont précieux. N'oublions pas que la confiance chez votre enfant se cultive et s'arrose. L'amour, la patience, la compréhension, la compassion sont certainement les meilleurs engrais qui existent ! Alors voici quelques sources pour garder l'inspiration dans nos aventures quotidiennes et cultiver votre confiance. Bonne route sur le chemin de l'écologie familiale et de l'éducation positive.

Oscar Wilde : « Soyez vous-même, les autres sont déjà pris. »

William Blake : « Aucun oiseau ne s'élève trop haut si ce n'est de ses propres ailes. »

Djalâk Ak-Dîn-Rûmi : « Que tes pensées soient émerveillées de sorte que cet émerveillement soit toute ton occupation. »

La Rochefoucault : « Celui qui vit sans folie n'est pas aussi sage qu'il le croit. »

Paulo Coelho : « Sache ce qui te fait vibrer et les forces de l'univers conspireront pour que tu réalises tes rêves. »

Bouddha : « Soyez votre propre lampe, votre île, votre refuge. Ne voyez pas de refuge hors de vous-même. »

Arnaud Desjardins : « Le bonheur, on ne le trouve pas, on le fait. Il ne dépend pas de ce qui nous manque, mais de la façon dont nous nous servons de ce que nous possédons. »

Osho : « La vie en elle-même est une toile vide. Elle devient ce que vous peignez dessus. Vous pouvez peindre la misère ou peindre la joie. Cette liberté est votre splendeur. »

Protagoras : « Ce que l'homme appelle vérité, c'est toujours sa vérité, c'est-à-dire l'aspect sous lequel les choses lui apparaissent. »

Jean Vanier : « Toute personne est une histoire sacrée. »

Carl Gustav Jung : « Qui regarde à l'extérieur se perd, qui regarde à l'intérieur s'éveille. »

Petites idées & bons tuyaux

L'auteur

Florence Binay est spécialisée dans le conseil en techniques de sophrologie, de pleine conscience et de relaxation, et dans le traitement des émotions et du stress. Elle est formatrice sur des thématiques comme « mieux vivre ses émotions », « mieux vivre le stress » ou « les enjeux de la bienveillance dans l'éducation », ainsi qu'en sophrologie ludique et dynamique pour les sophrologues et les professionnels de l'enfance. Elle anime des ateliers à Paris et des séjours en France pour les particuliers.
Elle est l'auteure de *121 Astuces de sophrologie et autres petits bonheurs,* aux éditions Le Souffle d'Or, et de *Grandir heureux et zen,* aux éditions Solar.
Son site : www.detenteetsophrologie.com
Twitter : @FloBinay
Pour la contacter : flo.b.binay@free.fr

Ateliers Grandir Heureux & Zen à Paris

Renseignements et dates sur www.detenteetsophrologie.com.
Pour les parents désireux d'instaurer une nouvelle écologie à la maison. Vivre bien avec son corps, mieux gérer son énergie, mieux dormir et s'endormir, savoir s'apaiser en toute autonomie… autant de thèmes donnant des outils faciles de sophrologie et des clés de pédagogie positive à transmettre au quotidien à ses enfants.

Des livres pour les enfants

- **Collection « Les contes thérapeutiques », éditions Eyrolles**

Une jolie collection de contes thérapeutiques sur les peurs, la séparation, l'affirmation, le deuil… Des histoires à lire entre parents et enfants pour traverser les petites épreuves du quotidien, dont *Nuage ne se sent pas à la hauteur,* de Sylvie Sarzaud, sur la confiance en soi (à partir de 6 ans).

- ***Histoires d'ailleurs ; petits contes de sagesse bouddhiste pour aider votre enfant à vivre dans l'harmonie et la paix,* de Dharmachari Nagaraja, éditions Le Courrier du Livre Jeunesse**

Un livre qui invite les enfants à vivre dans l'harmonie en mettant en avant des attitudes pacifiques, empreintes de compassion, aimantes, sages et désintéressées.

• ***Il était une fois... 24 contes thérapeutiques ; pour endormir et rassurer son enfant*, de Gilles Diederichs, éditions Larousse**

Les sujets des contes sont en lien direct avec le quotidien de l'enfant et lui permettent d'exprimer ses sentiments d'abandon, de solitude, son manque de confiance en lui, ses peurs, ses colères, ses cauchemars… L'enfant participe activement, ce qui renforce le lien avec les parents.

• ***Histoires du soir avec les animaux comme guides*, de Lou Kuenzler, éditions Le Courrier du Livre Jeunesse**

Des histoires qui, au-delà de montrer la force, le courage et la ténacité des animaux, sont aussi l'illustration de principes essentiels, comme la confiance en soi, la persévérance, l'empathie ou encore l'altruisme.

Et quelques classiques...

Grosse Colère, de Mireille d'Allancé, École des Loisirs.
Va-t'en, grand monstre vert, d'Ed Emberley, École des Loisirs.
Le loup est revenu ! de Geoffroy de Pennart, École des Loisirs.
Le Nakakoué, de Claude Ponti, École des Loisirs.

Des BD inspirantes

Pour les grands qui veulent transmettre de belles choses aux petits…

• ***Friandises philosophiques ; de la philosophie pratique en BD*, d'Art-mella, éditions Pourpenser.**

Une façon ludique d'explorer des thèmes comme le temps, l'amour, la non-dualité, le pouvoir de ses pensées, et bien d'autres choses, avec simplicité, humour et légèreté !

• ***Émotions : enquêtes et mode d'emploi*, tomes 1 et 2, d'Art-mella, éditions Pourpenser**

Le résultat d'une longue et passionnante enquête sur les émotions. Reprendre son pouvoir, prendre soin de soi, de ses relations, et se rendre la vie belle.

• ***Allô moi m'aime ? un mode d'emploi de l'humain*, de Lulumineuse et d'Art-mella, éditions BLEditon**

Un petit mode d'emploi de l'humain, ludique et magique.

Livres pour continuer l'aventure

- ***121 Astuces de sophrologie & autres petits bonheurs*, de Florence Binay, éditions Le Souffle d'Or**

121 exercices à pratiquer dans ses journées en quelques minutes pour s'équilibrer, déstresser, mieux respirer ou encore porter un regard différent sur soi et son corps. La zénitude à portée de main !

- ***Grandir heureux et zen*, de Florence Binay, éditions Solar**

Pour ne plus être un parent démuni et manquant d'outils, et pour donner une chance à nos enfants de grandir heureux et zen… Des clés essentielles pour aller vers une nouvelle éducation, des conseils précieux de sophrologie et de pédagogie positive, facile et ludique, à partager et à transmettre à ses enfants.

- ***Parler pour que les enfants écoutent, écouter pour que les enfants parlent*, d'Adèle Faber et Elaine Mazlich, éditions Phare**

Une approche lucide, sensible et respectueuse, qui entraîne moins de stress et plus de gratification pour les parents comme pour les enfants. On y trouve des techniques à la fois concrètes, pratiques et efficaces. Des habiletés de communication au quotidien pour des parents et des enfants épanouis. Et pour les plus grands, il existe une version ado !

- ***La Communication non violente au quotidien*, de Marshall Rosenberg, éditions Jouvence**

Parce qu'une communication de qualité entre soi et les autres est aujourd'hui une des compétences les plus précieuses.

- ***Élever nos enfants avec bienveillance*, de Marshall Rosenberg, éditions Jouvence**

Idéale et efficace pour transmettre à nos bambins nos valeurs chères, telles que l'intégrité, l'honnêteté, le respect et la bienveillance !

Blogs

Voici 3 blogs qui regorgent de conseils et d'idées. Des mines d'or !

- Apprendre à éduquer : apprendreaeduquer.fr
- Papa positive : papapositive.fr
- Père indignes : https://peresindignes.blog/videos/

Baby-sitting nouvelle génération

- Lesmartsitting.fr

Des gardes d'enfants créatives et des moments de découvertes pour nos enfants après l'école. Des nounous et des baby-sitters passionnés par les arts, la musique, les langues.

- anti-deprime.com

Pour cultiver l'optimisme pour soi et pour toute la famille.

Remerciements

Mille et un mercis à tous ceux qui croient que la vie est belle, qu'elle est un grand terrain de jeux pour grandir, s'épanouir, et une musique où il est nécessaire d'avoir des touches blanches et des noires sur le piano pour en tirer la plus belle mélodie. Merci aux parents et aux professionnels de l'enfance qui croient qu'avoir un enfant ou l'accompagner signifie que son avenir devient plus important que le passé.

Merci à ma sœur et à mes amies, merveilleuses supportrices, pour leur soutien sans faille. Merci à mes parents sans qui toutes ces aventures n'auraient guère été possibles ! Eh oui…

Et enfin, merci à Nelly Deflisque pour sa créativité joyeuse… nous avons réussi le marathon dans la dernière ligne droite !

Un jour je suis née, depuis j'en profite.

Découvrez tous nos cahiers pratiques et notre catalogue sur :
www.solar.fr

Direction : Jean-Louis Hocq
Direction éditoriale : Suyapa Hammje
Édition : Marion Guillemet
Rédaction : Chloé Chauveau
Conception et mise en couleur de la couverture : Stéphanie Brepson
Mise en pages : Nord Compo
Fabrication : Céline Premel-Cabic et Laëtitia Monfort

© Éditions Solar, 2018, Paris

Tous droits de traduction, d'adaptation et de reproduction par tous procédés, réservés pour tous pays.
ISBN : 978-2-263-15339-6
Code éditeur : S15339
Dépôt légal : mai 2018
Imprimé en France par Champagne

Solar | un département **place des éditeurs**

place
des
éditeurs